¿Qué hora es?

ARIEL KIM

¿Qué *hora* es?

Descubre tu línea de tiempo.
© 2026 por Ariel Kim

Editado por: Ariel Kim
Diseño de portada & layout: Pablo Montenegro

Publicado por Editorial Renacer

Paperback: 978-1-963920-82-6
Hardcover: 978-1-963920-83-3
eBook: 978-1-963920-84-0

Impreso en Estados Unidos

¿Qué hora es?

ARIEL KIM

Contenido

Dedicatoria

A mi esposa, la mujer influencer, con quien tengo el agrado de envejecer a su lado sirviendo a Dios.

Prólogo

De manera recurrente escucho, por parte de hombres de negocios y personas de relevancia que han llegado a la cima del éxito, pronunciar la siguiente frase: *"No tengo tiempo"*. A esta altura parece ineficiente, pero es una realidad que vive la gran mayoría de la población en todo el mundo. Usted puede tenerlo todo; dinero, fama, poder, etc. Pero si no tiene el tiempo para disfrutarlo, nada de eso tendrá sentido.

Hubo un rey en la antigua Babilonia llamado Belsasar, a quien se le ocurrió una noche la idea de ofrecer un gran banquete a mil miembros de la nobleza. Brindaron con las copas de oro y de plata que habían sido extraídas del templo de Jerusalén hasta emborracharse, mientras entonaban alabanzas a los dioses de oro, plata, bronce, hierro, madera y piedra.

En un momento dado, apareció una mano en la sala del palacio que escribía con el dedo sobre la parte blanca de la pared. Ningún hechicero, astrólogo o adivino fue capaz de descifrar lo escrito. Entonces, la reina mandó a llamar a Daniel, quien primeramente rechazó los regalos que el rey ofrecía, y leyó en voz alta: *"Mene, Mene, Tequel, Parsin"* (**Daniel 5:25**).

¿Pero qué significaban estas palabras?

Mene: Dios ha contado los días del reino de Su Majestad, y les ha puesto un límite.

Tequel: Su Majestad ha sido puesto en la balanza, y no pesa lo que debería pesar.

Parsin: El reino de Su Majestad se ha dividido, y ha sido entregado a medos y persas.

Esa misma noche, Belsasar fue asesinado en manos de medos y persas, y Darío tomó el poder a los 72 años.

¿Cuánto vale su tiempo?

No, no estoy intentando monetizarlo con alguna criptomoneda. Tampoco estoy alegando esa frase tradicional que dice: *"Time is money"*. Simplemente, quiero subrayar que no hay nada más valioso en este mundo que el tiempo. De lo contrario, podríamos preguntar a un pasajero que ha perdido un vuelo por llegar unos minutos tarde, o a un atleta que no ha logrado clasificar a los Juegos Olímpicos por una milésima de segundo. Definitivamente, el tiempo vale más que el oro.

Ahora bien, cuando extendemos el concepto del tiempo y lo relacionamos con la vida, cobra un sentido mayúsculo, ya que no estamos diciendo que el tiempo es lo más preciado que tenemos en un sentido genérico o trivial; lo que realmente comprendemos es que nuestra existencia es finita. Nuestro breve paso por la Tierra tendrá sentido mientras estemos con vida para contarlo, ¿no es así?

En el ámbito cristiano, considero que existen dos corrientes de pensamiento que corren en paralelo. Por un lado, están los que intentan espiritualizarlo todo. Para esta clase de gente, hablar de falta de experiencia en la juventud o la necesidad de prepararse para la tercera edad es un tema tan mundano que se considera un acto carente de fe.

Se pasan la vida hablando de que Moisés vivió hasta los 120 años, y que su vista no se había debilitado ni había perdido vigor (**Deuteronomio 34:7**) o que Caleb empezó una nueva aventura de fe a los 85 años cuando pidió por la región montañosa, asegurando que tenía la misma fortaleza y la misma energía que a los 40 (**Josué 14:11**). Sin embargo, ignoran que son casos excepcionales que no necesariamente aplican a nuestro contexto actual, y lo peor de todo, es que prácticamente no hacen nada para vivir como esos grandes hombres de fe.

Del otro lado, están los que piensan únicamente en términos de edad cronológica. En pocas palabras, todo tiene que ver con la edad. Su argumento consiste en que los primeros 30 años son de preparación, que las siguientes 3 décadas son de producción, y las últimas 3 de proyección. Si bien esta regla de oro es ampliamente aceptada por la sociedad, no siempre deja lugar a una intervención divina en el momento más inesperado, como le sucedió a Moisés a los 80 años, cuando Dios lo llamó en medio de una zarza ardiente.

Nadie niega que la edad es importante y que la experiencia es impagable, pero también es verdad que, para quienes creemos en un Dios bondadoso, el joven también puede ser sabio, como en el caso de Daniel (**Daniel 1:17**), y un anciano puede concebir nuevos sueños (**Joel 2:28**) como parte de un irrumpimiento divino.

Aquí está el secreto, el arte y el diseño de la vida; cuando Dios cambia la ecuación, rompe esquemas y transforma nuestras vidas.

Por lo tanto, es necesario mantener un equilibrio entre la planificación de la vida y la perspectiva divina. La Biblia nos enseña que existen 4 clases diferentes de tiempo de acuerdo a los escritos originales en griego.

Primero, *aion*. Se traduce como época, etapa o eternidad, y se refiere a un prolongado período de tiempo, como los tiempos antiguos del pasado o la eternidad del futuro. De hecho, es equivalente al término hebreo *olam* que significa *"eternidad"*. Lo encontramos, por ejemplo, en Romanos 16:27: "¡Al único sabio Dios, sea la gloria para *aion* (**siempre**) por medio de Jesucristo! Amén".

Segundo, *chronos*. Se traduce como tiempo, y es el concepto que más se asemeja a la concepción del tiempo científico del que solemos hablar. Vocablos como *"año"*, *"mes"*, *"día"* y *"hora"* tienen que ver con la percepción de la línea del tiempo cronológico. En el Nuevo Testamento, aparece en Hebreos 11:32, solo para citar un ejemplo: "¿Qué más voy a decir? Me faltaría *chronos* (**tiempo**) para hablar de Gedeón, Barac, Sansón, Jefté, David, Samuel y los profetas".

Tercero, *kairos*. También se traduce como tiempo, pero como crisis negativa u oportunidad positiva. Palabras como *"ahora"* u *"hoy"*, que denotan un sentido de urgencia y calidad (**por sobre la cantidad**) se ajustan a este concepto. Según mi parecer, las palabras de Jesús en Marcos 1:15 reflejan este significado. "Se ha cumplido el *kairos* (**tiempo**), decía. El reino de Dios está cerca. ¡Arrepiéntanse y crean las buenas nuevas!"

Cuarto, *hora*. Tal como se sospecha, es de donde proviene la palabra *"hora"* en español, y se traduce como hora o momento oportuno con una connotación positiva y agradable. Por ejemplo, en Juan 17:1: "Después de que Jesús dijo esto, dirigió la mirada al cielo y oro así: Padre, ha llegado la *hora* (**hora**). Glorifica a tu Hijo, para que tu Hijo te glorifique a ti".

Su vida tiene sentido porque todavía tiene tiempo para disfrutarla. Ningún reconocimiento, trofeo, diploma, o galardón valdría la pena si no cuenta con el tiempo suficiente para contemplarlo. Me frustra encontrarme con hombres de éxito que, ni siquiera al momento de su retiro, han comprendido que su trabajo no era su vida. En otras palabras, han desperdiciado su tiempo creyendo que iban a ser *"jefes"* de por vida, y que la gente los iba a tratar como tales, hasta descubrir que su teléfono no sonaba, y que habían entrado en una crisis existencial.

Por tal motivo, veo oportuno aclarar lo siguiente. Después de Dios, fuente de toda bendición, lo más importante es su vida. Todo cobra sentido porque usted está con vida. ¿Acaso esto no es una lección de vida que nos brindan las Escrituras? *"Entre todos los vivos hay esperanza, pues vale más perro vivo que león muerto. Porque los vivos saben que han de morir, pero los muertos no saben nada ni esperan nada, pues su memoria cae en el olvido. Sus amores, odios y pasiones llegan a su fin, y nunca más vuelven a tener parte en nada de lo que se hace en esta vida"* (**Eclesiastés 9:4-6**). De nada sirve poseerlo todo, y no tener vida.

Insisto con esta idea. Primero, lo esencial es la vida. Y luego en una segunda instancia, viene el llamado, que define nuestra relación con Dios. No fuimos nosotros quienes lo buscamos, aun así Él salió a nuestro encuentro. *"No me escogieron ustedes a mí, sino que yo les escogí a ustedes"* (**Juan 15:16**).

El mismo llamado que recibió Abraham para ir a la tierra prometida, Jeremías para ser profeta a las naciones, Pedro para abandonar las redes y seguir a Jesús como pescador de hombres, y Pablo en su camino a Damasco para convertirse en el apóstol de los gentiles, es el llamado que usted y yo hemos recibido alguna vez en nuestras vidas.

¡Qué privilegio! Es ese llamado que el mundo no entiende ni puede comprender, pero aquí estamos firmes en el camino de la fe, porque el llamado del Altísimo nos alcanzó. Ya no importa si tendremos éxito o no en esta vida, sea por vida o por muerte, nuestro deseo es responder a ese llamado del cielo.

En tercer lugar, viene la visión como respuesta a ese llamado celestial. ¿Qué es la visión? Personalmente, la defino así. La visión es lo que Dios ha proyectado de mí antes de la fundación del mundo, y uno lo toma como proyecto de vida dispuesto a pagar el precio de verlo concretado.

No se puede hacer y tenerlo todo, no porque no tengamos la capacidad, sino porque no hay tiempo. En consecuencia, debemos elegir un área en la que desarrollarnos. ¿Pero de acuerdo a qué criterio? Es ahí donde entra en acción la visión. Mi recomendación a los jóvenes que no saben qué carrera seguir en la universidad o cuál trabajo elegir es que se dejen guiar por la visión que Dios les ha dado. La visión se convertirá en el mejor amigo de su vida, y le ayudará a decidir qué camino seguir o qué decisiones evitar. En este sentido, la visión ahorra tiempo, nos protege de la tentación circunstancial, y define un horizonte claro.

En cuarto lugar, aparece el ministerio. ¿Qué es ministerio? En principio, ministerio es el acto de servir a Dios. Pero es menester aclarar que el punto de partida no es lo que usted y yo podamos hacer para Dios. Dios no necesita de nuestra ayuda. Como le fue dicho a Job: *"¿Dónde estabas cuando puse las bases de la tierra? ¡Dímelo, si de veras sabes tanto!"* (**Job 38:4**). En todo caso, el ministerio, es decir, lo que usted y yo hacemos *"para"* Dios está en concordancia con el llamado, y por ende, la visión se trata de ser partícipe de lo que Dios ha estado haciendo desde el Génesis y que no va a cesar hasta la segunda venida de Cristo.

Esta manera de concebir el ministerio nos da un respiro emocional, porque no se trata de lo que nosotros hacemos para Dios, sino lo que Dios hace en nosotros, y que luego se manifiesta en forma de lo que comúnmente llamamos *"ministerio"*. ¿Se entiende?

Por último, aparece en escena el trabajo. Para aquellos que estamos en el ministerio a tiempo completo, este último peldaño corresponde al *"ministerio pastoral"*, el cual viene a ser la expresión visible del ministerio en un sentido amplio. Para explicarlo fácil, el ministerio va más allá de las cuatro paredes, pero el ministerio pastoral es el auditorio que vemos cada domingo, el cual no refleja todo lo que hacemos para Dios, pero es lo tangible. Para el profesional que está en otro rubro, se trata del trabajo de todos los días mediante el cual testifica la gloria de Dios en un mundo caído.

Saber este orden nos ayudará a no confundir las prioridades, y entender que el fracaso de un proyecto laboral de ninguna manera equivale al fracaso de la vida. Una cosa es decir: *"eres un fracasado"* y otra cosa muy distinta: *"eres un fracaso"*. Sin embargo, no son pocos los que confunden su trabajo con la vida misma, y un paso en falso o una mala elección puede terminar incluso en una muerte prematura.

En síntesis, primero está la vida, un regalo de Dios; todo los demás es secundario y, en todo caso, ganancia. ¡Cuánta sabiduría de nuestros padres o abuelos que no nos preguntaban por el éxito en los negocios, sino por la salud y el bienestar! Primero es necesario estar bien y con salud; después viene todo lo demás.

Este libro es fruto de las conferencias que he dado a lo largo del continente desde que empecé a dictar la materia *"Dinámica de mentoría"* en la Facultad de Teología a nivel Mágister. Doy fe que de que es mucho más que una simple asignatura. Hay testimonios impactantes de cómo esta temática ha transformado sus vidas de forma literal; líderes, pastores, universitarios, profesionales, empresarios y políticos que me han manifestado que ya no veían sus vidas como antes, sino desde una cosmovisión totalmente diferente.

De esto se trata este libro; observar nuestras vidas desde la óptica divina con el objetivo de proyectarnos a largo plazo. No pretende analizar a todos los personajes bíblicos bajo el parámetro de la edad, sino rescatar ciertos conceptos que nos ayuden a hacer un buen uso del tiempo aplicado a nuestras vidas.

Hubo un momento en la historia en que el ser humano vivía casi 1.000 años. Matusalén alcanzó a vivir 969 años, siendo el más longevo de todos los personajes que aparecen en la Biblia. Adán vivió 930 años o Noé 950.

Sin embargo, algo sucedió para que la vida se acortara a 120 años. Como castigo de la maldad humana, Dios anunció el diluvio: *"Mi espíritu no permanecerá en el ser humano para siempre, porque no es más que un simple mortal; por eso vivirá solamente 120 años"* (**Génesis 6:3**). Fueron 40 días y 40 noches terribles en que toda la Tierra quedó bajo las aguas. Sin ánimo de entrar en detalles técnicos, algunos creen que el firmamento superior descripto en el primer capítulo de Génesis era nada menos que *"las aguas que están arriba"*, y que cayeron durante el diluvio en la época de Noé.

Pero la realidad es que, efectivamente, los años fueron disminuyéndose paulatinamente. Abraham vivió 175 años, José 110, y Moisés no pasó el umbral de los 120 años. Fue él quien escribió en un Salmo: *"Algunos llegamos hasta los 70 años, quizás alcancemos hasta los 80, si las fuerzas nos acompañan"* (**Salmo 90:10**).

Esto quiere decir que ya el ser humano ni siquiera vivía 120 años, sino 70 u 80, lo cual increíblemente coincide con la expectativa de vida actual de la población mundial. Según un dato de las Naciones Unidas, el promedio de expectativa de vida en 2024 fue de 73,3 años. Obviamente, aquí hay que tener en cuenta la diferencia que existe entre el hombre y la mujer, sumado a las variantes geográficas. No es lo mismo un país que cuenta con una medicina de avanzada que una región que atraviesa una guerra.

En el caso de América Latina, la media regional en cuanto a la esperanza de vida fue de 75,9 años en 2024, según CEPAL (**Comisión Económica para América Latina y el Caribe**), con Chile (**81,4**), Costa Rica (**81**) y Panamá (**79,8**) estando en el podio, Argentina (**77,5**), Brasil (**76**) y México (**75,3**) en la mitad de tabla, y El Salvador (**72,3**), Bolivia (**68,7**) y Haití (**65,1**), en los últimos puestos. Amén de esto, se cree que el hombre latinomericano vive una vida media de 74 años, mientras que la mujer vive casi hasta los 80.

Que Dios nos conceda una larga vida. De hecho, ¿acaso no es esto una de las promesas que nos ha dado el Señor en Su Palabra? *"Honra a tu padre y a tu madre, como el Señor tu Dios te lo ha ordenado para que disfrutes de una larga vida y te vaya bien en la tierra que te da el Señor tu Dios"* (**Deuteronomio 5:16**). *"Hijo mío, no te olvides de mis enseñanzas; mas bien, guarda en tu corazón mis mandamientos. Porque prolongarán tu vida muchos años y te traerán prosperidad"* (**Proverbios 3:1-2**).

Pero también es una realidad que no todo el mundo alcanza a vivir los 76 años tal como figuran en las estadísticas, pues existen múltiples factores como enfermedades o accidentes que reducen nuestros días. Por lo tanto, aquí la cuestión no es tanto cuántos años viviremos, sino cómo proyectamos nuestras vidas en torno a los propósitos eternos.

¡Conectar el *kairos* de Dios en nuestra línea del tiempo; de eso se trata este libro!

Por lo general, el joven suele no tener una noción del tiempo como panorama general de la vida. Se siente omnipotente, y piensa que vivirá para siempre. Pero a medida que pasan los años, nos damos cuenta que somos finitos y rara vez nos detenemos a reflexionar seriamente de dónde venimos, qué estamos haciendo aquí y hacia dónde vamos. Un día tomamos dimensión de que los años que hemos vivido son muchos más que los que nos quedan. ¡Nuestros días están contados!

Puede que Dios nos conceda 15 años más, como al rey Ezequías, que estuvo a punto de morir por causa de una grave enfermedad, pero Dios tuvo misericordia, y le dio esa prórroga (**2 Reyes 20:6**). O puede que nos llame en el momento más inesperado cuando todos pensaban que teníamos toda una vida por delante.

Aquí entra en escena la soberanía de Dios. Algunos creen que nuestros días están contados antes de que nosotros naciésemos. Algunas de estas ideas se sostienen de ciertos pasajes bíblicos como el Salmo 139:16 que dice: *"Todo estaba ya escrito en tu libro; todos mis días se estaban diseñando, aunque no existía uno solo de ellos"*, o de Job 14:5 que dice: *"Los días del hombre ya están determinados; tú has decretado los meses de su vida; le has puesto límites que no puede rebasar"*.

Otros están en desacuerdo con esta postura y se inclinan por la idea de que una vida prolongada depende de nosotros. *"El temor del Señor prolonga la vida, pero los años del malvado se acortan"* (**Proverbios 10:27**).

Lo importante es que todos nos alineemos con la oración de Moisés, quien exclamó en súplica: *"Enséñanos a contar bien nuestros días, para que nuestro corazón adquiera sabiduría"* (**Salmo 90:12**).

Mi propuesta, querido lector, es que tracemos juntos una línea del tiempo para observar nuestras propias vidas a partir de una mirada divina con el objetivo de proyectar un futuro mejor. Para ello, seleccionaremos a un personaje bíblico por capítulo que encuadre con el mensaje central en cada etapa de la vida. Por ejemplo, de 0 a 10 años, tomaremos la vida de Moisés en la fase de su infancia, y analizaremos cuáles elementos son vitales en ese tramo.

Pero recuerde que el punto es que usted lo relacione con su propia vida. Robert Clinton, uno de los líderes más influyentes de liderazgo a nivel mundial, inmortalizó una frase que impactó mi vida: *"Los líderes efectivos ven su ministerio (trabajo) actual en función de una perspectiva de desarrollo de toda la vida"*.

Es mi oración que podamos adquirir la sabiduría para entender de que nuestro día a día es parte del plan perfecto de Dios, y que, conforme pase el tiempo, estaremos más cerca del cumplimiento de la obra de Dios en nuestras vidas.

¿Qué hora es? No, no me refiero a la hora de su reloj, sino la hora de su vida. Si la vida fuera un día de 24 horas, ¿en qué momento se encuentra ahora? ¿Está en el amanecer, en el mediodía, en el atardecer o ya anocheció y está por ir a la cama?

Esta pregunta es crucial, porque cuando estemos en condiciones de responderla, sabremos de dónde venimos, qué estamos haciendo aquí, y hacia dónde estamos yendo en este viaje que es *"la vida"*. No me conteste ahora mismo. Dejemos la respuesta para el final. Pero insisto con esta pregunta: *"¿Qué hora es?"*

Ariel Kim

¿Qué hora es?

Parte 1

Capítulo 1

De 0 a 10

Dar el primer paso es la mitad del éxito

"Dar el primer paso es la mitad del éxito" es una frase antigua que no distingue ni Oriente ni Occidente. Antes de emprender este viaje de ida que es la vida, necesitamos contar con un mapa, trazar una hoja de ruta, y hacer un uso inteligente del sistema de GPS, especialmente aquellos que creemos que la vida es unidireccional, con principio y fin, y que no se reproduce de ninguna forma como piensan quienes creen en la reencarnación.

Si confiamos que Dios nos guiará con un propósito eterno, precisamos saber de qué se trata la vida a fin de no desperdiciarla. Cada jornada es única, pero una línea del tiempo aplicada a la vida de cada uno nos ayudará a comprender mejor el concepto del tiempo, a organizar el día a día, a anticipar el futuro que se avecina, y responder a la dirección del Espíritu Santo.

En la aviación comercial, es sabido que la mayoría de los accidentes ocurren durante el despegue o el aterrizaje. Según expertos, existe un concepto llamado *"11 minutos críticos"*, que abarca los primeros 3 minutos de despegue y los últimos 8 minutos de aterrizaje. Por ejemplo, una de las tragedias más recientes ocurrió con un Boeing en India, el cual apenas se sostuvo en el aire durante 30 segundos, y dejó un saldo de 260 muertos.

Si en un vuelo de 10 horas existe todo un protocolo con detalles tan minuciosos que el común de los pasajeros desconoce, ¿cómo no preparar la vida, que es un viaje de ida mucho más largo, desafiante y sofisticado?

La pregunta es si hemos chequeado si la aeronave está en condiciones técnicas para realizar un vuelo de tan larga distancia; si contamos con un copiloto experimentado y un ingeniero de vuelo que nos auxilie en caso de emergencia; si tenemos suficiente combustible para llegar a destino; si la torre de control nos autorizó el despegue; si los motores pueden funcionar a máxima potencia sin fallas, etc. En fin, una lista casi infinita de factores que hacen que un vuelo sea seguro y que, sin la ayuda de un manual, sería imposible de enumerar.

Pero gracias a Dios, todo está bajo control. Creo que estamos en la pista correcta. Ya tenemos la autorización de la torre de control, todos los pasajeros llevan el cinturón de seguridad abrochado, y hemos anunciado a la tripulación de cabina: *"Preparados para el despegue"*. Es un día soleado, con poca nubosidad, y el radar no registra ninguna turbulencia.

¡Motores a toda potencia, y allá vamos! Las ruedas comienzan a rodar por la pista. El avión alcanza la velocidad de rotación (**V1**), y llega a los 150 nudos (**277,8 km/h**), suficiente para levantar la nariz y despegar en este tipo de aeronaves modernas. ¡Pero la máquina de 78 toneladas no se eleva lo suficiente por más que jalemos el yoke hacia atrás! ¡Es como si quisiera, pero no pudiera! ¡Y lo peor es que la pista se está acabando!

¿Pero qué ha pasado? ¡No puede ser que esto esté sucediendo! La mente se queda en blanco, un escalofrío recorre la espalda, y en una ráfaga de segundos, se cruza por la cabeza lo peor. ¡Se nos ha olvidado un detalle! ¡No hemos desplegado los flaps! El resto es historia.

Un día empezamos a existir

La vida ha empezado así: un día hemos caído en este mundo. Ninguno de los que vivimos en este planeta Tierra pidió nacer, simplemente sucedió. Un día empezamos a vivir. No sabemos de dónde venimos, dónde estamos y hacia dónde vamos. Simplemente, en algún instante de la historia, simplemente comenzamos a existir.

Si hubiéramos sabido de antemano en qué mundo íbamos a caber, no sé cuántos lo hubieran elegido como hogar. El eco de las palabras de Job resuena en la mente de quienes se sienten angustiados por este comienzo abrupto en la Tierra: *"¿Por qué no perecí al momento de nacer? ¿Por qué no morí cuando salí del vientre? ¿Por qué hubo rodillas que me recibieran, y pechos que me amamantaran? Ahora estaría yo descansando en paz; estaría durmiendo tranquilo"* (**Job 3:11-13**).

¿Será por eso?
La realidad es que entendemos poco y nada de la vida.
¿Quién soy?

¿De dónde vengo?
¿Qué hago aquí?
¿Hacia dónde voy?
¿En qué termina todo esto?

Son preguntas filosóficas que nos hacemos, pero aun después de haber vivido muchos años, seguimos esperando que alguien nos responda con certeza. En la infancia, nadie cuestiona nada, porque la rueda de la vida ya empezó a girar en algún punto de nuestra historia. Es como que respondiéramos inconscientemente: existimos porque sí.

*"La vida ha empezado así:
un día hemos caído en este mundo."*

Un poeta francés dijo: *"La vida es como entrar a una sala de cine después de cinco minutos de empezada la película"*. No sabemos en qué tiempo ni en qué lugar estamos. Desconocemos a los personajes, ignoramos los temas que se abordan, simplemente porque nos perdimos la primera escena que decía: *"Los Angeles, 1940"*.

Antiguos pensadores dijeron que la vida era una tragedia. Y lo paradójico es que, aunque parezca un accidente, la vida a diferencia de aquel fallido despegue- siempre nos brinda una segunda oportunidad. No hemos pedido nacer, no se nos permitió escoger entre la vida y la muerte, ni la raza, ni el entorno, ni la familia. Pero aquí estamos, creyendo que ningún ser humano es producto del azar, sino un componente del plan divino.

Usted no tiene la culpa

Moisés es una figura relevante en las religiones monoteístas. Fue aquel en quien Dios puso su mirada para libertar al pueblo hebreo de la esclavitud en Egipto, quien recibió los Diez Mandamientos en dos tablas de piedra y quien condujo al pueblo por el desierto durante 40 años. Las Escrituras lo exaltan de sobremanera como un personaje único con las siguientes palabras: *"Desde entonces no volvió a surgir en Israel otro profeta como Moisés, con quien el Señor tenía trato directo"* (**Deuteronomio 34:10**). Además, en los tiempos de Jesús, los fariseos se autoconsideraban *"discípulos de Moisés"* (**Juan 9:28**), por si quedaba alguna duda acerca de su fama.

Sin embargo, la realidad indica que Moisés nació en un momento muy crítico de la historia de Israel, al igual que usted y yo, que hemos nacido en un contexto particular que no hemos elegido. ¿Qué culpa tengo yo de haber nacido? ¿Qué hice para nacer en una familia disfuncional? ¿Quién me puede señalar con el dedo por el color de la piel? Lo mismo le ha sucedido a Moisés.

La historia es así. Dios había escogido a Abraham para hacer de él una nación grande. Luego de una serie de idas y vueltas, su familia terminó de echar raíces en Canaán, la tierra prometida. Pero unas generaciones más tarde, José, el bisnieto de Abraham, terminó siendo el número dos en autoridad en todo el territorio egipcio, por lo que Jacob decidió ir a instalarse a Egipto a partir de los 120 años. No era donde fluía leche y miel, sino una zona de tránsito, pero fue en ese lugar donde su familia se multiplicó.

Cierto día, llegó al poder otro rey que no había conocido a José, quien temía por una rebelión, y decía: *"¡Cuidado con los israelitas, que ya son más fuertes y numerosos que nosotros!"* (**Exodo 1:9**). Inmediatamente adoptó una política atroz que no solo consistía en una opresión psicofísica, sino se extendía a trabajos forzados.

Pero, al ver que los israelitas se volvían más fuertes y numerosos, el Faraón emitió un decreto que decía que las parteras debían arrojar al río a todos los niños que nacieran y dejar con vida a las niñas. En este contexto de crueldad nació Moisés, fruto de la unión entre un Amram, un levita, y Jocabed, de la misma tribu.

Si había un contexto histórico y geopolítico que había que evitar a toda costa, era este. El destino de cualquier niño varón hebreo en aquellos tiempos era la muerte. Pero la madre de Moisés decidió esconder al bebé durante tres meses. Y cuando ya no pudo más, preparó una cesta de papiro, la embadurnó con brea y asfalto, y la colocó entre los juncos del río Nilo a merced de un destino incierto.

Algo similar sucedió en el nacimiento de nuestro Señor Jesús. Ante la exclamación de los sabios de Oriente: *"¿Dónde está el que ha nacido rey de los judíos? Vimos levantarse su estrella y hemos venido a adorarlo"* (**Mateo 2:2**), Herodes el Grande mandó a matar a todos los niños menores de dos años en Belén y sus alrededores.

Con esto quiero decir que usted y yo hemos nacido en un contexto particular. En lo personal, nací en Corea del Sur en la década del 70. A diferencia de hoy, que mi país es reconocido como una potencia mundial, el sexto país más poderoso del mundo, la decimosegunda economía, el primer y único país en pasar de ser receptor de ayuda a donante, el nuevo centro de la cultura global, y un país del Primer Mundo, al momento de mi nacimiento, la península coreana no estaba atravesando su mejor época.

La República de Corea es un país de tradición milenaria, pero que ha sufrido constantes amenazas por parte de China y Japón. De hecho, el imperio nipón intentó colonizar la península desde 1910 hasta 1945. La alegría de la independencia no duró mucho tiempo, ya que a partir de 1950 aconteció lo que se conoce como la Guerra de Corea, que perduró por más de tres años, dejando un saldo de millones de muertos, lesionados y desaparecidos.

El contexto socioeconómico en el que nací no era agradable. Apenas habían transcurrido dos décadas a partir de la firma del armisticio, y había que reconstruir un país en ruinas. Nací en una familia de clase media, a 90 kilómetros al Este de la ciudad de Seúl. En esa época, no había un sentido de democracia como el que conocemos hoy día, y la desnutrición era un síntoma cotidiano.

Todavía recuerdo, como si fuera ayer, que comía un pocillo de arroz con margarina y salsa de soja, más un huevo frito, y con fortuna, algunos maníes fritos, pero no mucho más que eso. Comer unos sándwiches de pan de molde con huevos fritos y cebolla, con aderezos como kétchup, en familia los fines de semana era un banquete que se hacía esperar.

¡Ni hablar de la década del 50 y del 60! Pero aun en la década del 70, el coreano nacía pobre en un ambiente deprimente.

Aquellos que me preguntan hoy si, de tener la posibilidad, escogería otra nacionalidad, suelo responderles con cierto tono de humor: *"A mí también me hubiese encantado nacer en Occidente con los ojos más grandes"*.

A esta altura de la vida, uno se pregunta: *"¿Qué culpa tengo yo de haber nacido en tal situación?"* Y tiene razón. Hay gente que nace en cuna de oro y hay quienes nacen en medio de la pobreza. Hay personas que nacen en un entorno agradable, como el hijo tan ansiado de una pareja que llevaba unos años de casados, y están quienes nacen sin la bendición del padre. Algunos nacen en grandes urbes y otros en entornos rurales. Usted puede sentirse feliz por su vida, pero es una realidad que muchos hubiesen preferido otra cosa y cargan con la sensación de haber sido víctimas del destino.

Mi mensaje a aquellos que sienten una carga por algunos de estos elementos que son ajenos a uno es que no tienen la culpa. Así como aquel que nació en una familia pudiente no hizo nada para merecerlo, el que le tocó nacer en medio de la escasez tampoco tiene por qué sentirse culpable. No estamos hablando de méritos ni de karmas, sino de un plan que va más allá de la decisión personal. Pero para los que amamos a Dios, sabemos que el Señor dispone todas las cosas para el bien, los que hemos sido llamados de acuerdo a Su propósito.

Fundamentos soberanos

La Biblia tiene una respuesta a cada pregunta que plantea el ser humano. ¡No solamente eso! Sino que también brinda una solución. ¿A quién no le hubiera gustado nacer en un palacio real, en un entorno sin impedimentos para alcanzar lo que uno quiere y exento de toda preocupación? Pero si observamos nuestras vidas desde una óptica celestial, pienso que estaremos capacitados para analizar de una manera menos subjetiva.

> *"Para los que amamos a Dios, sabemos que el Señor dispone todas las cosas para el bien."*

Aquí entra en acción un elemento teológico conocido como la soberanía de Dios. En el análisis de Juan Calvino (**1509-1564**): *"Dios, después de crear con Su potencia el mundo y cuanto hay en él, lo gobierna y mantiene todo con su providencia"*. Y continúa con su investigación al escribir: *"Nada es efecto del azar; todo está sometido a la providencia divina"*, la cual *"no sólo es universal, sino también particular"*.

Esto significa que, en este universo gobernado por Dios, no hay lugar para acontecimientos fortuitos. La casualidad no existe. Dios ya nos conoció de antemano. *"Dios nos escogió en él antes de la creación del mundo"* (**Efesios** 1:4), y *"Antes de formarte en el vientre, ya te había elegido; antes de que nacieras, ya te había apartado; te había nombrado profeta para las naciones"* (**Jeremías** 1:5).

¿Cómo entender que Dios nos haya escogido antes de la fundación del mundo y aun antes de nacer? La mente natural no es capaz de comprender que, antes de que existiera el tiempo y la creación, desde la eternidad misma, ya hemos sido concebidos por Dios. Ahora bien, la idea de la soberanía de Dios nos consuela, porque ahora descansamos sobre la verdad de que nada sucede sino por la voluntad de nuestro Padre celestial. Nada es improvisado en Su perfecto plan.

Un sector del liderazgo cristiano intenta anular toda la vida pasada de un nuevo creyente que viene a los pies del Señor, como si fuera un residuo sin valor, lo cual considero un gran error. Cuando Jesús hablaba del nuevo nacimiento o el apóstol Pablo declaraba: *"Por lo tanto, si alguno está en Cristo, es una nueva creación. ¡Lo viejo ha pasado, ha llegado ya lo nuevo!"* (**2 Corintios 5:17**), de ninguna manera estaba desechando la obra de Dios, que ya estaba activa incluso antes del nacimiento del recién convertido. No es que Dios empieza a obrar desde el instante en que alguien entrega su vida a Cristo, sino que, en Su providencia, la mano de Dios siempre estuvo activa en esa persona.

> *"Nada es efecto del azar; todo está sometido a la providencia divina."*

Hablando en detalle: de 0 a 10 años es la etapa en la que los fundamentos soberanos obran como nunca antes, más allá de la nuestra voluntad. Es en esta fase inicial en la que cada elemento que compone nuestras vidas cobra un mayor nivel de relevancia, sobre todo en materia de carácter. En estos primeros años se moldea nuestra manera de ser, y cada vivencia queda grabada en lo más profundo del inconsciente.

	MOISÉS	JESÚS
TIEMPO	Opresión por parte del Faraón	Opresión por parte de Herodes el Grande
LUGAR	Egipto	Belén de Judea
ENTORNO	Amram y Jocabed, menor de tres hermanos	José y María
EVENTO	Liberar al pueblo hebreo de la esclavitud	Anunciar las Buenas Nuevas

Por lo general, los fundamentos soberanos tienen una serie de componentes que, vistos desde una perspectiva eterna, poseen un valor intangible. Estos son: **(1)** geografía (**el lugar**), **(2)** contexto histórico (**el tiempo**), **(3)** entorno (**la familia**), y **(4)** un evento histórico que luego se materializa en misión.

Ahora entendemos la razón por la cual Dios, en Su soberana voluntad, escogió un tiempo como ese para enviar al mundo a Moisés como libertador. Si el contexto histórico en que nació Moisés no hubiera sido el de opresión, en un país que no era la tierra prometida, nunca habría surgido en la historia del pueblo de Dios un gran líder y profeta de tal magnitud. En otras palabras, Dios, en Su soberana providencia, preparó el ambiente para que Moisés llegara a ser lo que fue. Ningún elemento que compone los fundamentos soberanos es producto del azar, sino que ha sido finamente orquestado por una mano invisible.

De lo contrario, ¿cómo entender la historia de la vida de Moisés en esa etapa en la que dependía exclusivamente de la guía de Dios? Pero fue el Señor quien preparó a la hija del Faraón, que le tuvo compasión, y a Miriam, que estuvo presente en el lugar preciso para ofrecer una nodriza hebrea que resultó ser nada menos que la propia madre. Son demasiadas coincidencias para ignorar a un Dios que sabe cuándo nos sentamos y cuándo nos levantamos; que aun a la distancia lee nuestro pensamiento, y que conoce todos nuestros caminos. Según la cosmovisión judeocristiana, los ojos de Dios vieron nuestro cuerpo en gestación, y todo estaba ya escrito en Su libro; todos nuestros días estaban diseñados, aun cuando no existía ni uno solo de ellos.

De igual manera podemos hablar del nacimiento de Jesús. Si César Augusto no hubiera realizado el censo, ¿cómo se habría cumplido aquella profecía de Miqueas que decía: *"Pero tú, Belén, en la tierra de Judá, de ninguna manera eres la menor entre los principales de Judá; porque de ti saldrá un príncipe que será el pastor de mi pueblo Israel"* (**Mateo 2:6**)? Y si Herodes el Grande no mandaba a matar a todos los niños varones menores de dos años, ¿qué habría sido de la profecía: *"De Egipto llamé a mi hijo"* (**Mateo 2:15**)?

"Ningún elemento... es producto del azar, sino que ha sido finamente orquestado por una mano invisible."

En lo personal, agradezco a Dios por haberme permitido nacer como ciudadano coreano y desarrollar mi carrera profesional en el continente americano. Para mí, es muy importante mi origen, porque explica muchas de las actividades que estoy haciendo ahora en términos de distinción y competitividad. Corea del Sur se ha vuelto en sí misma una marca de exportación en su nueva condición de centro de la cultura global. Como diplomático civil, soy bienvenido en cualquier ciudad de América Latina, lo cual era impensable hace apenas unas décadas. Además, tengo la facilidad de conectarme en cualquier ciudad o pueblo por mi fluido español. Estoy convencido que me tocado vivir el mejor tiempo y, al pensarlo, no puedo dejar de reconocer que Dios ha estado obrando en mi vida a través de estos fundamentos soberanos que están más allá de mis virtudes o defectos.

No tengo ninguna duda de que esto mismo ha sucedido en su vida también. Aun cuando no teníamos uso de la razón, Dios ya estaba obrando. Por lo tanto, su geográfica, su contexto histórico, su entorno, y algún evento histórico que lo haya marcado (**sea bueno o malo**), son elementos que tienen un propósito eterno en el plan de Dios.

> ### *Resumen*
> De 0 a 10 años, Dios obra mediante los fundamentos
> soberanos, y moldea nuestro carácter.

Preguntas para reflexionar

1) ¿Cuál es el entorno en que ha nacido?

2) ¿De qué se trata la vida? Explique desde una cosmovisión bíblica.

3) ¿Alguna vez se ha sentido víctima o culpable por el entorno que le tocó vivir? ¿En qué aspecto?

4) Comparta los distintos componentes de los fundamentos soberanos (geografía, contexto, entorno, y evento histórico) que han influido en su formación.

5) ¿Qué elementos o experiencias cree usted que moldearon su carácter en esta fase?

Capítulo 2

De 10 a 20

Un cambio radical

Un día de primavera a comienzos de la década del 80, emprendimos nuestro viaje a Latinoamérica en familia. A pesar de que ha pasado mucho tiempo, conservo en mi memoria cada detalle de esta travesía. Era una época en la que el ciudadano común en mi país no tenía la libertad de viajar al exterior, excepto por un permiso especial concedido a diplomáticos, empresarios y estudiantes universitarios. La liberalización del transporte aéreo se dio recién en el año 1988, a vísperas de los Juegos Olímpicos de Seúl, por lo que contar con un pasaporte era un lujo al que pocos podían acceder.

Hoy día, un viaje de estas características puede requerir no más de una sola escala. Pero en aquel tiempo, recuerdo que hicimos varias: Tokio, Ottawa, y Lima para finalmente llegar a Buenos Aires. A primera vista, el itinerario no parecía tan cargado, pero en Canadá, tuvimos que esperar unas 12 horas para tomar el próximo vuelo, y mientras tanto, nos llevaron a un city tour que parecía interminable.

Ya han transcurrido más de cuatro décadas, y un día se me ocurrió preguntarle a ChatGPT cómo era viajar al otro lado del mundo en esa época. Y me respondió lo siguiente:

"Seguramente debe haber sido un viaje muy largo. En esa época, el ciudadano coreano no acostumbraba a viajar tanto al exterior. Tan solo el preparar las maletas podía llevar entre 4 a 7 días, ya que una aventura de estas características requería empaquetar prácticamente todos los artículos del hogar. Si llegaste un martes, seguramente habrás salido el domingo anterior. Pero la gente del interior acostumbraba a pasar una noche en un hotel o en la casa de un pariente en la ciudad de Seúl para llegar con tiempo al aeropuerto de Kimpo, por lo que estimo que habrán salido el sábado. Si recuerdas que lo primero que han hecho fue tomar un taxi, es muy probable que haya sido para ir a un terminal de ómnibus o a la estación de tren. Eso quiere decir que, si te despediste de tus compañeros de la escuela, lo has hecho probablemente el jueves o viernes. Me pongo en tus zapatos y pienso que debe haber sido un cambio radical".

De un día a otro, la sensación fue la de haber caído en un paracaídas en un mundo totalmente ajeno. El idioma, la cultura, la comida, las calles, el estilo de vida, en fin, un sinnúmero de elementos causó un choque cultural. Me sentía como el personaje de una película en el que el protagonista es puesto en una máquina del tiempo, y en un abrir y cerrar de ojos, todo cambia repentinamente. Tuve que adaptarme a la fuerza. Mis amigos me tocaban la oreja y la nariz como diciendo: *"¡Llegó un marciano!"* Pero sobre todas las cosas, me costó mucho entender el idioma. Como no comprendía nada de lo que decía la maestra, tomaba los lápices y jugaba a las naves espaciales. Las únicas materias que llamaban mi atención eran la música y la matemática.

"De un día a otro, la sensación fue la de haber caído en un paracaídas en un mundo totalmente ajeno."

Pero al cabo de unos tres meses, me sorprendí a mí mismo al darme cuenta de que empezaba a entender algunas palabras. Ya sabía saludar y manejar un lenguaje básico, aunque estaba lejos de poder sostener una conversación. Recuerdo que cierto día, en el receso, habíamos formado un círculo para conversar. Todo fluía normal, hasta que, en un momento dado, alguien preguntó: *"¿De qué cuadro sos?"* En un español neutro, la pregunta equivaldría a: *"¿De qué club de fútbol eres aficionado?"* Como era de esperar, no entendí qué significaba aquello. La palabra que más se asemejaba en mi diccionario era 'cuadra'. Y cada uno empezó a responder. *"¡Yo soy de Boca Junios! ¿Y vos?"* *"Yo, de River Plate, obviamente"*. Mientras mis compañeros se identificaban con algún club de fútbol, empecé a razonar y a cuestionar. '¿Pero para qué quieren saber estos amigos argentinos a cuántas cuadras vivo yo de la escuela?' Cuando llegó mi turno, alcé mi voz lo más fuerte que pude con toda la confianza del mundo, y respondí: *"¿Yo? ¡10 cuadras!"* Como habrá imaginado, querido lector, me hicieron bullying, y al instante, todos desaparecieron de mi vista.

De Judá a Babilonia

Toda migración representa un cambio radical, y esto es justamente lo que le sucedió a un joven llamado Daniel. Basándonos en Daniel 1:1, que dice: *"En el año tercero del reinado del rey Joacim de Judá, el rey Nabucodonosor de Babilonia vino a Jerusalén y la sitió"*, entendemos que fue en el 605 a.C.

Amén de esto, las Escrituras aclaran que el rey pidió llevar a unos jóvenes de la familia real y de la nobleza. Aquí el vocablo que se emplea es 'yeled', que traducido literalmente equivale a 'muchacho', dentro de un rango de 14 a 17 años de edad. Tampoco hay que olvidar que debían tener aptitudes para aprender de todo y actuar con sensatez, según Daniel 1:4. Por lo tanto, no se trataba de niños pequeños, sino de adolescentes en formación. En conclusión, se estima que, al momento de ser llevado a Babilonia, Daniel tenía alrededor de 15 años.

¿Puede imaginarse a un jovencito tan pequeño que todavía está en plena etapa de formación bajo el cuidado de sus padres o tutores, ser arrancado de su tierra y llevado a un lugar tan lejano? ¡Casi equivale a un cambio de identidad en nuestros días! Sin embargo, en el plan de Dios, este tipo de eventos históricos suele ser más común de lo que pensamos. Dios utiliza esta fase de nuestras vidas para que crezcamos internamente, lo cual involucra entendimiento, discernimiento, prueba, y obediencia.

Ahora bien, ¿cómo entender el paso de una etapa a otra? Por lo general, el cambio de década es significativo. Sin embargo, como la vida no rige por ciencias exactas, el tiempo en que una persona pasa de una fase a otra puede variar. Es decir, puede ser un poco más temprano o tarde. De cualquier modo, si usted percibe que hay una actividad diferente, si ocurre un evento histórico, o si se amplía su esfera de influencia -como en el caso de Daniel-, ahí es el momento en que uno ha entrado a la siguiente etapa.

En adición a esto, se considera que, a partir de los 10 años, un individuo empieza a vivir otro tramo de su vida cuando uno comienza a hacer uso de la razón. Esto es muy importante tenerlo en cuenta, porque es cuando uno toma consciencia de su existencia. Es en esta fase de los teens cuando se empieza a tomar consciencia de lo bueno y lo malo. En el contexto de la fe, es probable que sea en esta etapa de su vida que usted experimente un encuentro personal con Dios y acepte a Jesús como su Señor y Salvador.

6 áreas de crecimiento

El crecimiento es clave en esta etapa de la vida. Es cierto que la Biblia narra las historias de ciertos reyes del reino del Sur, como Azarías que llegó al trono a los 16 años; Manasés, a los 12; y Joaquín, a los 18. También relata casos más apasionantes como los de David o José, quienes marcaron una diferencia en la fe a pesar de no contar con suficiente experiencia. Sin embargo, por regla general, es a partir de los 10 años que una persona comienza a crecer de forma integral en todas las áreas de la vida.

En esta fase, el adolescente se convierte en una especie de esponja que absorbe todo lo que se le enseña, su desarrollo se hace visible y tangible a gran escala. De lo contrario, ¿por qué cree usted que Nabucodonosor decidió llevarse a Daniel y a sus tres amigos en esa etapa de sus vidas? Definitivamente, porque se trataba del mejor tiempo para crecer y formarse de cara al futuro.

Crecimiento espiritual

Esta fase es crucial en la vida de un creyente, ya que es cuando no solo experimenta el nuevo nacimiento, sino que también es formado espiritualmente. En palabras sencillas: deja de ser ese niño que repetía versículos bíblicos de memoria sin comprenderlos, y comienza a ser un adolescente que no teme sumergirse en aguas profundas de las cosas de Dios.

El crecimiento espiritual incluye no solo el hábito de participar de las reuniones dominicales por decisión propia, sino también de integrarse a otras actividades como los estudios bíblicos o el ministerio de la música. Mientras recibe enseñanza, el adolescente empieza a adquirir entendimiento en cuestiones espirituales.

"Es en esta fase de los teens cuando se empieza a tomar consciencia de lo bueno y lo malo."

Samuel es un claro ejemplo de ello. La Biblia dice que era un 'joven', cuando servía en el tabernáculo, lo que permite deducir que tenía unos 12 años. Sin embargo, aún no había oído la voz de Dios. Cierta noche, mientras descansaba en el santuario, alcanzó a oír una voz. Pensó que era Elí, pero el sacerdote le aseguró que no lo había llamado. La voz se repitió dos veces más hasta que Elí comprendió que era el Señor quien hablaba a Samuel. Entonces, el muchacho respondió: *"Habla, que tu siervo escucha"* (1 Samuel 3:10).

De Daniel sabemos poco sobre la formación espiritual que tuvo, pero es evidente que conocía la ley de Dios, discernía entre lo puro y lo inaceptable, mantenía disciplina en la oración diaria, y estaba abierto a visiones y revelaciones del cielo. Por eso, cuando fue puesto a prueba, el oriundo de Judá no dudó ni un segundo en proponer a no contaminarse con la comida ni con el vino del rey.

El crecimiento espiritual también incluye la prueba. Pero si, como Daniel, respondemos con obediencia, Dios honrará nuestra fe y nos llevará a lugares impensados, porque *"la exaltación no viene del oriente, ni del occidente ni del sur, sino que es Dios el que juzga: a unos humilla y a otros exalta"* (**Salmo 75:6-7**).

Crecimiento físico

El crecimiento físico no es un asunto menor en esta etapa de la vida. No está de más recordar que Dios también bendice con un crecimiento en el aspecto biológico. No es ninguna casualidad que Lucas, médico de profesión, haya escrito la siguiente frase: "Jesús siguió creciendo en sabiduría y **estatura**, y cada vez más gozaba del favor de Dios y de toda la gente" (**Lucas 2:52, énfasis del autor**).

Una buena alimentación, rica en nutrientes, vitaminas y minerales, permite un crecimiento sano. Es en este período en que se evidencian el aumento de peso y estatura, el desarrollo muscular y óseo, la maduración del sistema nervioso y coordinación motora, así como los cambios hormonales.

Nabucodonosor había establecido como condición que los jóvenes seleccionados debían ser *"apuestos y sin ningún defecto físico"* (**Daniel 1:4**). 'Apuestos' significa buena apariencia, y 'sin ningún defecto físico', en buena salud.

No obstante, el crecimiento físico también fue puesto a prueba. La comida del rey incluía carne con sangre (**Deuteronomio 12:20-25**), carne de animales impuros (**Levítico 11:1-47**) o carne ofrecida a ídolos (**1 Corintios 10:28**). Daniel se determinó a no contaminarse y le pidió al jefe de oficiales: *"Danos de comer solo verduras, y de beber solo agua"* (**Daniel 1:12**). Después de 10 días, él y sus amigos *"se veían más sanos y mejor alimentados que cualquiera de los que participaban de la comida real"* (**Daniel 1:15**).

Definitivamente, Dios bendijo a Daniel en el área del crecimiento físico. La salud es la base que nos permite mantenernos activos, lúcidos y productivos. Recuerde esta frase: *"Si ha perdido dinero, perdió poco. Si ha perdido honor, perdió mucho. Pero si ha perdido salud, perdió todo"*.

Crecimiento intelectual

La tercera área es la intelectual. En la adolescencia ocurre un aumento considerable del tamaño del cerebro. Se multiplican las conexiones neuronales y se fortalece la mielina. Si en la niñez el cerebro crece, en la adolescencia se afina y se especializa.

Es aquí donde el joven comienza a discernir las cuestiones espirituales. Samuel, mientras crecía y se ganaba el aprecio del Señor y de la gente, ya entendía las instrucciones y rituales, y Jesús, a los 12 años, estaba en el templo, sentado entre los maestros, escuchándolos y haciéndoles preguntas, y todos los que le oían se asombraban de su inteligencia y de sus respuestas (**Lucas 2:46-47**).

En el caso de Daniel, es muy probable que haya intuido espiritualmente lo que significaba el cambio de nombre cuando el jefe de oficiales lo llamó Beltsasar. El rey había pedido que trajeran jóvenes que *"tuvieran aptitudes para aprender de todo... a los cuales Aspenaz debía enseñarles la lengua y la literatura de los babilonios"* (**Daniel 1:4**).

> *"Definitivamente, porque se trataba del mejor tiempo para crecer y formarse de cara al futuro."*

A diferencia de Judá, en Babilonia, el concepto de un Dios Todopoderoso como Padre celestial no existía. En efecto, su nuevo nombre significaba *"¡Que Bel proteja su vida!"* en referencia a un dios pagano que no se alineaba a las creencias judías. Quizás este haya sido el motivo capital por el cual Daniel tomó la decisión de no contaminarse, porque entendía que le querían quitarle su identidad judía y reprogramarlo de acuerdo a la cultura babilónica, ya que su nombre original significaba *"Dios es mi juez"*.

A 1.000 kilómetros de distancia, Daniel no solo creció espiritualmente y físicamente, sino también intelectualmente. A sus 15 años de edad, fue instruido en la academia real de Babilonia durante 36 meses, en donde aprendió lengua, literatura, astronomía, matemática, historia, leyes, y cultura.

El fruto del crecimiento intelectual es simplemente fenomenal, pues las Escrituras aclaran que: *"Daniel podía entender toda visión y todo sueño"* (**Daniel 1:17**), y al igual que Ananías, Misael y Azarías, es decir, sus tres amigos, *"en todos los temas que requerían de sabiduría y discernimiento los halló diez veces más inteligentes que todos los magos y hechiceros de su reino"* (**Daniel 1:20**). El temor del Señor es el principio del conocimiento.

Crecimiento emocional

Otra área vital es la emocional. Aunque no se mencione explícitamente en el libro de Daniel, se evidencian múltiples aspectos de su madurez emocional.

Un cambio tan brusco a una temprana edad puede dejar secuelas emocionales como tristeza, soledad o miedo. Un episodio de estas características en esta instancia de la vida puede paralizar o al menos condicionar el crecimiento en esta área. La psicología moderna habla de *"niño adulto"*, un concepto que describe a quienes cargan heridas emocionales no resueltas en su infancia. Esto explica por qué en materia de sanidad interior, los expertos abordan enfáticamente las heridas en la infancia, las cuales, dicho sea de paso, suelen ser bastante subjetivas. El diablo sabe en dónde está nuestra debilidad, razón por la que debemos estar despiertos espiritualmente para no quedarnos estancados en esta área por algo que nos hicieron o no hicieron. No se puede desperdiciar la vida echando la culpa a los demás.

Lo que destaco de Daniel es que no se quebró emocionalmente. En lugar de victimizarse, eligió mantenerse fiel a pesar de las circunstancias adversas. Su estabilidad le permitió alcanzar nuevas alturas de influencia, y no le tembló el pulso cuando tuvo que interpretar los sueños al rey Nabucodonosor anticipando un futuro no tan agradable o al momento de negar inclinarse a adorar a otro Dios que no sea el rey Darío a pesar del decreto real que ya había entrado en vigencia por 30 días, y en consecuencia, fue arrojado al foso de leones.

¿De dónde provenía esta estabilidad? Daniel no era 'corrupto' ni 'negligente' (**Daniel 6:4**). Dice la Biblia que abría las ventanas de su casa, y en dirección a Jerusalén, se arrodillaba y se ponía a orar y alabar a Dios, pues tenía por costumbre orar tres veces al día. A pesar de que se trataba de un adolescente en quien el impulso podía jugar una mala pasada, la conexión con Dios y su pueblo permitió crecer en el aspecto emocional.

Crecimiento profesional

El crecimiento profesional suele comenzar de manera incipiente en la adolescencia. Muchos empresarios exitosos recuerdan haber emprendido sus primeras ventas o proyectos a los 15 años. Es una etapa en que uno no solo empieza a soñar, sino que siente un impulso que dice: *"¡Yo también puedo hacerlo!"* Durante este lapso, el adolescente adquiere nuevas competencias, asume mayores responsabilidades, se adapta a diferentes contextos, en fin, crece en madurez, ética profesional y visión estratégica. Aún no es un profesional como el que dará a conocer tiempo más tarde, pero ya empieza a mostrar ciertos destellos de talento y don.

En Daniel vemos este principio claramente. Tras tres años de preparación, fue entrevistado por el rey y hallado superior en sabiduría y discernimiento. Daniel y sus amigos resultaron ser 1000% más inteligentes que todos los magos y hechiceros de Babilonia.

Tiempo más tarde, al momento de buscar a alguien que lograra interpretar sus sueños, Daniel fue presentado delante del rey de la mano de Arioc. Al revelar el significado de esa visión, el rey puso a Daniel en un lugar prominente, *"y lo nombró gobernador de toda la provincia de Babilonia y jefe de todos sus sabios"* (**Daniel 2:48**), y permaneció en la corte real.

Debido a la inteligencia y sabiduría que Dios le había concedido, Daniel desarrolló una carrera profesional increíble. ¡No solo eso! No solo llegó a un lugar de relieve a través de un ascenso quizás inesperado por muchos, sino que supo sostenerse en el podio durante muchos años a pesar del cambio de reyes e imperios. Tal es así que fue proclamado como tercer gobernante del reino por Belsasar, fue considerado como uno de los tres administradores más poderosos por Darío en el gobierno medopersa, y también prosperó durante el reinado de Ciro.

Sobrevivir y mantenerse en la cúspide de influencia a cuatro cambios de gobierno e incluso de imperio no debió ser nada fácil, pero esto nos habla del excelente desempeño que ejerció Daniel en el área profesional a partir de una temprana edad.

Crecimiento social

Finalmente, la adolescencia es también una etapa de crecimiento social. Se trata de la capacidad de relacionarse sanamente, adaptarse a nuevas culturas o contextos, resolver conflictos sin apelar a la violencia verbal o física, trabajar en equipo, y ejercer una influencia positiva.

Los padres siguen ejerciendo influencia sobre el adolescente, pero hay una instancia en que los amigos cobran mayor relevancia, lo cual es una parte natural del crecimiento social. Proverbios enseña: *"Contarás con el favor de Dios y tendrás buena fama entre la gente"* (**Proverbios 3:4**). Aquí 'fama' puede interpretarse como crecimiento social.

Visto desde este ángulo, Daniel viene a ser un ejemplo extraordinario, pues llegó a ser lo que fue gracias a la fe de sus amigos quienes juntos enfrentaron pruebas. Es más, Ananías, Misael y Azarías fueron arrojados a un horno ardiente por negarse a adorar la estatua de oro.

La Biblia advierte: *"Más valen dos que uno, porque obtienen más fruto de su esfuerzo. Si caen, el uno levanta al otro"* (**Eclesiastés 4:9-10**). Es muy probable que Daniel haya formado amistades sólidas con Sadrac, Mesac y Abed-nego, los nuevos nombres según la tradición babilónica, con quienes se apoyaban mutuamente en oración.

¿Cómo se comprueba esto? Preste atención a los siguientes pasajes: *"Después volvió a su casa y les contó a sus amigos Ananías, Misael y Azarías cómo se presentaba la situación. Al mismo tiempo, les pidió que imploraran la misericordia del Dios del cielo en cuanto a ese sueño misterioso para que ni él ni sus amigos fueran ejecutados con el resto de los sabios babilonios"* (**Daniel 2:17-18**).

Los amigos de la infancia -en esta etapa particular de la vida- dejan huellas imborrables en la memoria de uno, por lo que el crecimiento social deja de ser una alternativa para convertirse en un área a desarrollar de manera intencional.

Visión

Si de los 0 a 10 años la palabra clave fue carácter, de los 10 en adelante la llave es la visión. Así como en el primer tramo de la vida, Dios continúa obrando *"en"* mí. El carácter sigue forjándose a medida que el proceso de formación espiritual sigue en pie, pero hay un elemento que se añade en esta nueva etapa de la vida.

Entonces, ¿qué es la visión? Es el diseño del propósito de Dios para la vida de cada persona. Es decir, no es lo que uno quiere alcanzar, sino lo que Dios ha planificado de antemano, tal como le ha sucedido al profeta Jeremías, a quien Dios le dijo: *"Antes de formarte en el vientre, ya te había elegido; antes de que nacieras, ya te había apartado; te había nombrado profeta para las naciones"* (**Jeremías 1:5**). Aquí reside la abismal diferencia entre el éxito del que habla el mundo, y la visión que enseña la Biblia. Tener una clara visión nos ahorra mucho tiempo, enfoca energías, y orienta cada área de nuestro desarrollo hacia el propósito eterno.

Por consiguiente, aquellos que están atravesando esta etapa, mi consejo es que oren a Dios hasta recibir una visión concreta, pues esto le ayudará a proyectar una vida a largo plazo, y nos privará de pronunciar esa típica aseveración que dice: *"¡No se qué hacer con mi vida!"* Haga de la visión su mejor amigo, pues será la brújula a seguir en medio de la incertidumbre, el músculo que le dará resistencia, y el criterio para decidir qué hacer y qué no hacer.

Quizás ahora lo que vea sea borroso, como árboles caminando, pero no importa. No es necesario que sepa cada detalle del proceso. El apóstol Pablo tampoco sabía lo que le iba acontecer en el futuro. *"Y ahora tengan en cuenta que voy a Jerusalén obligado por el Espíritu, sin saber lo que allí me espera"* (**Hechos 20:22**). Lo fundamental es la dirección y la compañía del Espíritu Santo. Tan solo precisamos de un norte a seguir.

Por tanto, si tiene la certeza de que ese latido fuerte que siente en su corazón no se trata de una ocurrencia humana, sino de una idea de Dios, entonces *"la visión se realizará en el tiempo señalado; marcha hacia su cumplimiento, y no dejará de cumplirse. Aunque parezca tardar, espérala; porque sin falta vendrá"* (**Habacuc 2:3**). De manera que ahora su enfoque en esta fase debe ser la de soñar en grande. El 'cómo' vendrá después, ahora es tiempo de definir el 'qué'.

> ### *Resumen*
> En esta fase de 10 a 20 años, el crecimiento cobra
> una relevancia importante, y los cambios ayudan a
> concebir una visión.

Preguntas para reflexionar

1) ¿Cuáles son los elementos que nos ayudan a identificar un cambio de etapa?

2) ¿Cómo ha sido ese cambio en su propia vida?

3) Desarrolle las 6 áreas de crecimiento enriqueciendo con historias bíblicas y anécdotas personales.

4) Resuma la visión que Dios le ha dado en una frase.

5) ¿Con qué personaje bíblico o histórico se identifica usted en relación con los sueños?

Capítulo 3

De 20 a 30

Del sueño a la realidad

En mi país, existe un concepto tradicional conocido como 'neri-sarang', que se traduce literalmente como 'amor descendente'. ¿Qué significa esto? Que el amor de los padres suele manifestarse más hacia los hijos menores. Es decir, los más pequeños reciben más afecto y atención. ¿Será por eso? Lo cierto es que José era el hijo más querido por Jacob. *"Israel amaba a José más que a sus otros hijos, porque lo había tenido en su vejez"* (**Génesis 37:3**).

A su vez, se lee entre líneas que Jacob tenía una preferencia especial por José y Benjamín, pues ambos eran fruto de su relación con Raquel, de quien Jacob se había enamorado profundamente. Génesis 29 relata que ofreció siete años de trabajo por ella, *"pero como estaba muy enamorado de ella le pareció poco tiempo"*. Sus otros diez hijos, en cambio, nacieron de Lea y de las siervas.

Al ver que José lucía una túnica muy elegante, sus hermanos comenzaron a odiarlo al punto de no dirigirle ni un saludo. Cierto día, él les contó un sueño en el que su gavilla era reverenciada por las gavillas de sus hermanos, y en otra ocasión, compartió otro en el que el sol, la luna y once estrellas se inclinaban hacia él. Todo esto encendió aun *"más odio todavía"* (**Génesis 37:5**), y *"lo odiaron aún más por los sueños que él les contaba"* (**Génesis 37:8**).

El odio y la envidia llegaron a tal extremo que, cuando vieron la oportunidad, conspiraron para matarlo, arrojándolo en una cisterna profunda de un distrito llamado Dotán. Pero Rubén se opuso diciendo que no era ganancia quitarle la vida. Instantes después, Judá propuso venderlo a una caravana de ismaelitas. Así, de un día a otro, José pasó de ser el hijo preferido a un esclavo privado de su libertad que valía 20 piezas de plata. Pero Dios estaba con él, y terminó en manos de los madianitas, quienes, a su vez, lo vendieron a Potifar, un alto funcionario del Faraón y capitán de la guardia.

"Israel amaba a José más que a sus otros hijos, porque lo había tenido en su vejez."

Cuando sus hermanos lo vieron acercarse, exclamaron: *"¡Ahí viene ese soñador!"* (**Génesis 37:19**). Y tenían razón. José era un adolescente que estaba atravesando esa etapa en que el enfoque estaba en la visión, tal como hemos visto en el capítulo anterior. La Biblia aclara que *"José tenía 17 años"* (**Génesis 37:2**).

La tercera década es fascinante, ya que es el tiempo en que ese sueño empieza a cobrar forma y a tomar color. A partir de los 20 años, el joven continúa desarrollándose plenamente en sus 6 áreas de crecimiento, es decir, en lo espiritual, en lo físico, en lo intelectual, en lo emocional, en lo profesional, y en lo social, pero la diferencia está en que los sueños se vuelven más concretos. *"¡Quiero ser una arquitecta!"* o *"¡Voy a ser un piloto!"*, pasa a ser: *"Mi idea es estudiar en tal universidad"* o *"Tengo una oferta para hacer una pasantía en tal empresa en Europa"*. En síntesis, la visión empieza a materializarse.

¡Y vaya si no fue así en el caso de José! Pasó sus 20 en territorio extranjero sin el cuidado de los padres, y como si fuera poco, en condición de esclavo. El odio de sus hermanos lo llevó al desarraigo, al frío y a la soledad. Pero aun así, Dios estuvo con él. *"El Señor estaba con él y no dejó de mostrarle su amor"* (**Génesis 39:21**).

Entrenamiento en la vida real

Muchos son los que sueñan, pero pocos los que logran concretar sus sueños, porque han pasado por alto que la visión se materializa en la vida real, la cual puede ser muy dura. La escuela de Dios es parte de esta formación y nadie puede evadir el desierto.

A mis 22 años, volví a mi país natal para radicarme, puesto que, en esa época, se entendía que un religioso -en mi contexto- debía cursar sus estudios teológicos en Corea, y dominar con soltura el idioma y las costumbres. El Gobierno surcoreano, a través de la Secretaría de Educación, ofrecía una beca a la comunidad coreana de cada país, y en Argentina, nadie había postulado, razón por la cual, tenía la posibilidad única de ingresar a la prestigiosa universidad nacional de Seúl.

Sin embargo, ya había definido lo que quería hacer de mi vida, y realmente no sentí ninguna atracción. Pasé todos mis 20 en una tierra de ensueño, porque hacía lo que quería hacer y estaba en donde quería estar, soñando un futuro brillante y próspero. Atravesé por miles de túneles, pero si debo elegir una experiencia clave, fue la de servir como pastor en la iglesia Yoido, conocida como la congregación evangélica más grande del mundo.

Al iniciar mi Maestría en Divinidades -requisito para ser ordenado pastor en mi país- asistí a un evento de pastores y líderes donde predicaba el evangelista Carlos Annacondia. Para ser honesto, fui a verlo porque era argentino, y no tenía idea de quién era.

"Nadie puede evadir el desierto."

Me senté en la última fila cuando dos misioneros coreanos provenientes de Argentina me identificaron, y dijeron: *"¿Qué haces tú aquí?"* Les expliqué que había venido para recibir de Dios, y uno de ellos, me dijo: *"Ven con nosotros. Puede que te necesitemos".* Para hacer la historia corta, el traductor se quedó sin voz, y en el medio de la reunión, me pasaron el micrófono. Era mi primera vez hablando a más de 5.000 personas en un auditorio repleto de pastores y líderes, y encima, estaba siendo televisado en vivo.

Me temblaban las piernas. Las primeras palabras que había dicho el evangelista era: *"Conoceréis la verdad, y la verdad os hará libres"*, citando el pasaje de Juan 8:32. Por un instante, se me puso la mente en blanco. No sabía qué decir. Tenía algo de conocimiento acerca de la traducción ya que había cursado la carrera de traductorado público previo al ingreso del seminario teológico, pero una cosa es la teoría y otra muy distinta la práctica. Y como no tenía experiencia, simplemente me quedé petrificado. Fue ahí cuando oí la voz del Espíritu Santo, quien me dictó el texto bíblico en mi idioma palabra por palabra. ¡Increíble, pero así fue cómo me gané el favor de los anfitriones, y terminé siendo el intérprete principal!

Semanas después, apliqué para integrarme al cuerpo pastoral de la iglesia de Yoido, y fui designado a uno de los templos satélites ubicado a unos 20 kilómetros al noreste de Seúl. Para mi sorpresa, el pastor general de esa congregación había vivido una experiencia similar a la mía, pues había emigrado a Asunción, Paraguay a los 12 años, y también había pastoreado en Guayaquil, Ecuador.

Debo confesar que no fue nada fácil estudiar y ejercer el pastorado al mismo tiempo, sobre todo porque las distancias no favorecían. No tenía los recursos para mantener un automóvil, y todos los miércoles, viernes y domingos, caminaba unos 15 minutos hasta la estación del metro, y entre el subte y el bus interurbano, demoraba unas cuatro horas de viaje ida y vuelta, y con muchas escaleras en el medio. Los días de lluvia o nieve eran terribles.

Recuerdo que particularmente los días viernes eran las más agotadoras. Tras predicar durante un par de horas en la reunión de jóvenes, los más de 20 pastores, que integrábamos el plantel, debíamos participar de la vigilia, la cual terminaba casi a la medianoche, momento en que dejaba de funcionar el transporte público. Literalmente, no tenía a dónde ir para pasar la noche. Uno de los pastores que tenía un Hyundai Pony se ofrecía para llevarme al centro de la ciudad de Seúl, diciendo: *"Te puedo dejar en la iglesia de Yoido"*. De esta forma, llegaba pasada la medianoche, y el auditorio central acababa de vaciarse, y una gran cantidad de personas en situación de calle entraba a la iglesia para protegerse del frío o el calor. Solía ubicarme en uno de los asientos de atrás, y fingía estar orando, ya que estaba vestido de traje y corbata. Pero luego de unos 15 minutos, el cansancio me vencía y me postraba para dormir con la incomodidad que eso significaba. Minutos antes de las 5 de la mañana, escuchaba a alguien decir a viva voz: *"¡Aleluya!"*, la cual anunciaba el inicio de la reunión de oración de madrugada, razón por la cual, procuraba retirarme con discreción lo más pronto posible antes de que se llenara el auditorio nuevamente.

Era una odisea tomar el transporte público, ya que no había una estación de subte cerca, y la que me quedaba más cerca, en realidad, me resultaba más compleja por la cantidad de conexiones que debía hacer. Entonces, caminaba unos 45 minutos hasta la estación de metro de la línea 1, y volvía a mi casa. Fueron días muy extenuantes en lo físico, pero profundamente formativos desde el aspecto espiritual. Pero un día, me diagnosticaron 'fatiga crónica', la cual se manifestaba en síntomas como escalofríos constantes, dolores musculares y rinitis alérgica. Fue un tiempo muy difícil, pero entendía que estaba en proceso de formación, y que cada peldaño de esa escalera me estaba preparando para subir a un nivel mayor de influencia.

Cambios

A partir de los 20 años, la vida se convierte en una etapa crucial, llena de transiciones, decisiones y descubrimientos, en fin, un período que se caracteriza por los cambios. Algunos aseveran que es la mejor época por la energía, la vitalidad y la creatividad que la definen. En este sentido, ser joven ya es un mérito en sí mismo. Pero también es verdad que es un tiempo de incertidumbre en que uno busca su identidad existencial, teme por un futuro incierto en lo laboral, y redefine tanto su espiritualidad como su filosofía de vida. Cada decisión que se tome en esta fase marcará los próximos 30 años, porque es el cierre de la etapa de preparación y el inicio de la etapa de producción.

José lo vivió en carne propia. Fue vendido y terminó como siervo en la casa de Potifar. Se ganó la confianza de su amo, pero luego fue encarcelado tras haber sido acusado falsamente de un intento de abuso sexual. En prisión, interpretó los sueños del copero y del panadero del Faraón. Más tarde, tendría la oportunidad de interpretar los sueños del propio Faraón, anticipando siete años de abundancia seguidos por siete años de hambruna. Así, a los 30 años, José se convirtió en el segundo en autoridad de todo Egipto, algo equivalente a un Primer Ministro en tiempos actuales. *"Tenía 30 años cuando comenzó a trabajar al servicio del Faraón, rey de Egipto"* (**Génesis 41:46**).

Fueron 13 años de desierto en los que José fue sometido a prueba, pero ninguna parte de la Biblia dice que se amargó, guardó rencor o que no estuvo de acuerdo con los planes de Dios. Todo el proceso del entrenamiento en la escuela del Señor fue tan duro que cuando nació su hijo mayor, le puso por nombre Manasés, porque *"Dios ha hecho que me olvide de todos mis problemas, y de mi casa paterna"* (**Génesis 41:51**).

¡Y no solo eso! El llanto desconsolador fue una clara evidencia de lo que sufrió José en tierras egipcias.

"José se apartó de ellos y se echó a llorar. Luego, cuando se controló y pudo hablarles" (**Génesis 42:24**).

"Conmovido por la presencia de su hermano, y no pudiendo contener el llanto, José salió de prisa. Entró en su habitación, y allí se echó a llorar desconsoladamente. Después se lavó la cara y, ya más calmado, salió" (**Génesis 43:30-31**).

"Cuando se dio a conocer a sus hermanos, comenzó a llorar tan fuerte que los egipcios se enteraron, y la noticia llegó hasta la casa del Faraón" (**Génesis 45:1-2**).

"Cuando se encontraron, José se fundió con su padre en un abrazo, y durante un largo rato lloró sobre su hombro" (**Génesis 46:29**).

"Cuando José escuchó estas palabras, se echó a llorar" (**Génesis 50:17**).

Con esto quiero decir que cada cambio en esta etapa de la vida forma parte del entrenamiento en la escuela de Dios, y por consiguiente, es fundamental estar atentos a la dirección del Espíritu Santo. Si el copero no hubiera olvidado el favor que recibió en la cárcel y luego recordado a José dos años después, nunca habría llegado a estar cara a cara con el Faraón, y menos en condición de intérprete de sueños. Dicho de otro modo, Dios usó incluso el olvido del copero como parte de Su plan.

Algo similar sucedió en mi carrera ministerial. Mientras estaba ejerciendo mi rol de pastor de jóvenes en uno de los templos satélites, cierto día nos visitaron unos pastores de Latinoamérica en el marco de un evento llamado CGI (**Church Growth International**). En Yoido, acostumbraban a enviar a los invitados VIP a la iglesia donde yo estaba por una cuestión de idioma. Pero sucedió algo inesperado, ¡y es que no tenían quién les traduzca en plataforma! En realidad, había un copastor que podía cumplir esa función, pero luego de dos semanas, manifestó que se sentía incompetente, razón por la que el pastor general terminó convocándome para traducir en una serie de cultos dominicales. No fue fácil, pues me faltaba experiencia. De hecho, recuerdo cuando el orador dijo: *"Jesús dijo que perdonáramos, no hasta siete veces, sino setenta veces siete"*, me puse tan nervioso que, en lugar de decirlo en coreano, ¡me puse a hacer cuentas en mi mente! Aun así, terminé la jornada pensando: '¡Aprobado!'

> *"Dios usó incluso el olvido del copero*
> *como parte de Su plan."*

Lo increíble es que en medio de la multitud estaba nada menos que la directora del Departamento de Relaciones Internacionales del templo central, quien tomaba nota del mensaje para la revista CGI. Solo Dios sabe por qué, pero me dijo que había quedado encantada por mi estilo de traducción. Tiempo después, fue ella quien me acercó al Dr. Yonggi Cho en persona, y el sueño que de niño había tenido -tomando el micrófono con la mano derecha y hablándole delante de una multitud de 20.000 personas- se cumplió. Como si esto fuera poco, desde ese día, empecé a ser conocido en Yoido como 'el traductor', lo que con el tiempo, me abriría más puertas hasta llegar a ser lo soy hoy.

Los cambios en esta etapa abarcan muchas dimensiones: desde conocerse a sí mismo hasta realizar tareas domésticas, pero pienso que las relaciones interpersonales tanto en el área profesional como en lo sentimental juegan un papel preponderante, ya que es el tiempo en que uno consigue un empleo, y en muchos casos, contrae matrimonio, si es que decide hacerlo.

En definitiva, los cambios externos reflejan un crecimiento interno. La madurez siempre trae consigo cambios profundos, y cada decisión que tomemos en los 20 moldeará nuestras vidas y definirá nuestro destino. ¡Pero tranquilo! Si es Dios quien está forjando nuestro carácter, y es El quien nos ha dado una visión y ha permitido pasar por un proceso de entrenamiento, ¡delo por hecho que el futuro será brillante y glorioso! La etapa de la preparación ha culminado. Ahora sí, ya que hemos echado raíces profundas y tenemos las alas extendidas, ¡ha llegado la hora de volar!

> ### *Resumen*
> De 20 a 30 años es una etapa de entrenamiento en la vida real que conlleva una serie de cambios que definirán el rumbo de nuestras vidas.

Preguntas para reflexionar

1) Es esta etapa, uno continúa creciendo en las 6 áreas. ¿Podría especificar cómo ha sido ese crecimiento en su caso área por área?

2) Describa el contexto de cómo ha vivido el cambio del sueño a la vida real.

3) ¿Ha habido en ese proceso, alguna experiencia difícil de asimilar? ¿Cómo lo ha superado?

4) ¿Qué tipo de habilidades tuvo que adquirir en esta etapa de su vida?

5) Comente qué cambios y avances hubo en el área profesional y sentimental.

¿Qué
hora
es?

Parte 2

Capítulo 4

De 30 a 40

Madurez profesional

Si los primeros 30 años son de preparación, se podría considerar que de los 30 a 60 años son de producción, porque es una etapa en la vida en que uno empieza a exteriorizar todo lo que ha absorbido. No solo tiene la visión y ha pasado por todo el proceso de entrenamiento, sino que ahora está preparado para hacer *output* todo el *input* en el mundo real. En síntesis, es la etapa de la madurez en el trabajo.

En la cultura judía, los 30 años marcaban la edad del inicio de la madurez y autoridad para enseñar. *"Incluye en él a todos los varones de 30 a 50 años de edad que sean aptos para trabajar en la tienda de reunión"* (**Números 4:3**). ¡Y no solo eso! En el antiguo requerimiento de la tradición rabínica, el treintañero podía y debía leer el Cantar de los Cantares, por ejemplo. Dicho de otro modo, muchas cosas cambiaban en esta nueva fase de la vida en la segunda edad.

Por algún motivo particular, nuestro Señor Jesús esperó a cumplir sus 30 años para dar inicio al ministerio público. Hay quienes sostienen que Jesús aguardó hasta ese momento porque quería validar su identidad como rey, sacerdote y profeta. Por ejemplo, David comenzó a reinar sobre Israel a los 30, los levitas comenzaban a servir en el tabernáculo a partir de esa edad, y profetas como Ezequiel ejercieron su ministerio justo a partir de ese punto en la vida.

Si bien hay argumentos bíblicos para respetar esa idea, también es cierto que es parcial, ya que no todo rey, sacerdote o profeta asumía ese rol a partir de los 30 años. Lo que sí queda claro es que, culturalmente hablando, en el judaísmo del siglo I, los 30 años marcaban un punto de respeto, credibilidad y autoridad para asumir roles públicos serios, y da la sensación de que Jesús quería cumplir con esa consciencia social.

Aparte de esto, Jesús precisó de este tiempo porque había trabajado como carpintero. Fue a través de ese oficio que el Señor adquirió disciplina, excelencia, servicio, entre otras aptitudes, y ni hablar de preparación espiritual, ya que estaba en la casa del Padre aprendiendo con los maestros del templo.

Pero un día, el tiempo llegó.

"Jesús tenía unos 30 años cuando comenzó su ministerio" (**Lucas 3:23**).

"Se ha cumplido el tiempo, decía. El reino de Dios está cerca. ¡Arrepiéntanse y crean en las buenas nuevas!" (**Marcos 1:15**).

"El Hijo de Dios fue enviado precisamente para destruir las obras del diablo" (**1 Juan 3:8**).

Lo primero que hizo fue bautizarse para cumplir con todo lo que es justo. Inmediatamente después, fue tentado en el desierto. Convocó a sus 12 discípulos, a quienes nombró apóstoles, para que lo acompañaran. Realizó todo tipo de milagros, pero su ministerio se resume en el siguiente versículo bíblico: *"Jesús recorría Galilea, enseñando en las sinagogas, anunciando las buenas nuevas del reino, y sanando toda enfermedad y dolencia entre la gente"* (**Mateo 4:23**). Aquí observamos claramente que su ministerio tuvo tres pilares clave: (**1**) enseñanza, (**2**) proclamación y (**3**) sanidad.

No obstante, Jesús siempre tuvo presente que su misión era cargar una cruz, morir en un madero como castigo de la desobediencia, y al tercer día ser resucitado para redimir todo el pecado de la humanidad y ser levantado como primicias de los que murieron. Por esta misma razón, Jesús les hablaba constantemente a sus discípulos de que algún día iba a partir y que no iba a estar más con ellos aunque ninguno de los suyos comprendía su mensaje.

Fueron tres años fugaces en que sucedió de todo. La mayoría de los estudiosos coinciden que fueron unos 36 meses, porque el evangelio de Juan menciona tres pascuas (**Juan 2:13, 6:4, 11:55**). En pocas palabras, Jesús se preparó 30 años para vivir unos tres años intensos de madurez profesional para luego decir en el momento más cúlmine: *"Todo se ha cumplido"* (**Juan 19:30**).

Mi carrera ministerial

Es una verdad irrefutable que los jóvenes tienen una fuerza creativa increíble. Y también es cierto que a los 20, uno ya puede combinar entrenamiento con trabajo. De hecho, ¡personajes ilustres del cristianismo como Juan Calvino (1509-1564) publicó su obra maestra *Instituciones de la Religión Cristiana* a los 26 años! En el mundo secular, podemos mencionar a Steve Jobs (1955-2011), ¡quien fundó Apple a los 21 años!

Sin embargo, son casos excepcionales. Por lo general, hay que reconocer que antes de los 30, el trabajo es algo informal y en una posición irrelevante. Es muy probable que usted haya iniciado desde abajo, pero es en este tramo en que uno empieza a ocupar cargos de mayor relevancia. En esta etapa de madurez profesional, uno empieza a escalar nuevas posiciones como José que pasó de ser un encarcelado a ser el segundo en autoridad en Egipto o como Jesús mismo a quien todo el mundo lo buscaba reconociendo como Señor o Hijo de David.

En mi caso, retorné a Latinoamérica a mis 30 años para desarrollar mi carrera profesional. Pasé por un breve período en que dudaba si debía buscar suerte en otros horizontes, pero Dios me dio la convicción de que este era el lugar que Él quería que esté a través de una palabra muy específica que me dio.

"Quédate en la región de la que te he hablado. Vive en ese lugar por un tiempo. Yo estaré contigo y te bendeciré, porque a ti y a tu descendencia les daré todas esas tierras. Así confirmaré el juramento que le hice a tu padre Abraham. Multiplicaré a tus descendientes como las estrellas del cielo, y les daré todas esas tierras. Por medio de tu descendencia todas las naciones de la tierra serán bendecidas... Isaac se quedó en Guerar" (**Génesis 26:2-6**).

Tenía la certeza de la visión y la claridad de mis dones, pero había una realidad que me golpeaba duro. Había una brecha muy extensa entre mis sueños y la realidad que estaba viviendo. Posando la mirada hacia atrás, ahora me doy cuenta que necesitaba pasar de la teoría a la práctica, de la visión a la realidad, en fin, precisaba madurar en el aspecto ministerial. No fue fácil pasar de los libros al campo, pero tuve que aprender que era en el mundo real donde Dios obraba.

Por pura providencia divina, desde joven tuve la oportunidad de liderar una organización. A pesar de que había empezado a ejercer el ministerio pastoral a partir de los 22 años, no contaba con el tacto que tanto se requiere en el campo de una iglesia local. Pero la congregación fue muy paciente, y con el tiempo, fuimos creciendo a la par de las nuevas generaciones.

Se dice que el que sabe hacer de todo, en realidad, no saber hacer nada. A nivel individual, soy de esas personas curiosas que navegan en distintas áreas a la vez. Y si bien en mi país hay un dicho que dice: *"Cava un solo pozo"*, no aplica en mi caso, porque no soy profundo en lo que hago, pero sí extenso, que, dicho en términos sencillos, hace un poco de todo. Además, ¿acaso en la parábola de los talentos, uno no recibió cinco talentos? El dilema no es la cantidad de talentos que uno recibe, sino que no los use.

La educación es un perfil mío que no todo el mundo conoce, pero uno de mis sueños era ser docente universitario. Es así que ingresé en un curso de posgrado apenas llegado a Argentina. Si bien ya tenía un título de licenciatura y maestría, me sentía incompetente por mi limitado español en cuanto a términos técnicos. Cuando estaba cerca de graduarme, apliqué para el doctorado.

A su vez, empecé no solo a traducir libros del español al coreano y viceversa, sobre todo con relación a los materiales del Dr. Yonggi Cho, sino que incursioné en la publicación de mis propios libros como respuesta a una visión estratégica que había recibido del Señor que básicamente consistía en publicar más de 100 libros.

En 2007, lancé *Liderazgo de la Cuarta Dimensión*, un estudio que analiza el liderazgo del pastor Cho como líder de la iglesia más grande del mundo. En principio, ese material debía salir a mi nombre, pero de Seúl no me autorizaron bajo el argumento de que todo el contenido era un resumen de las enseñanzas del Doctor Cho. Al consultar con la editorial, me respondieron que era imposible acceder a esa petición, y tenían razón. No podía el autor escribir en tercera persona para referirse a sí mismo, ya que las oraciones empezaban diciendo, por ejemplo: *"Cho enseña que…"*. Para hacer sintética la historia, el libro salió publicado en coautoría, es decir, con el nombre de Yonggi Cho y Ariel Kim.

Cuento esta anécdota en detalle para dar a conocer a usted, querido lector, que nada de esto fue intencional, sino que así fueron dando las cosas. En definitiva, este libro fue el instrumento mayúsculo que Dios usó para dar a conocer en el mundo hispanoparlante mi ministerio a las naciones conocido como *La Cuarta Dimensión Latinomérica*, que dicho sea de paso, recibió el premio como *"Mejor ministerio en dar a conocer al pastor Cho en el extranjero"* por la universidad de Hansei en 2008.

Al tener el libro impreso, viajé a Corea para entregar el libro al pastor Cho en persona en un gesto de honra. Recuerdo como si fuera ayer que dijo repetidas veces: *"¡Good job!"* Y al momento de orar, el pastor Cho declaró: *"¡Unción de la Cuarta Dimensión para las Américas!"* Si bien se trataba de un ministerio que ya venía desarrollándose, debo confesar con total sinceridad que fue a partir de esa impartición que el ministerio floreció de repente, y empecé a ganar reconocimiento entre el liderazgo de la iglesia a nivel continental, el cual se materializó en conferencias multitudinarias.

En síntesis, de a poco, mis 30 fue un tiempo en que estaba desarrollando mi perfil como pastor, académico, escritor, y conferencista.

Trabajo

Si de 0 a 10 años, uno es formado en el carácter, de 10 a 20 años, es el tiempo de moldear la visión, de 20 a 30 años, uno atraviesa por un período de entrenamiento, a partir de los 30, la palabra clave es trabajo.

Es en esta fase de la vida en que uno ya ha formado una familia, y probablemente ya tenga varios hijos, si es que así ha decidido hacerlo, y está en pleno crecimiento en la esfera profesional. Se podría afirmar sin temor a equivocarme que de 30 a 40 años es el período en que el enfoque está en el trabajo, puesto que es el momento en que uno desarrolla sus dones, amplía su círculo de influencia, y sobre todas las cosas, escala posiciones de manera acelerada.

Es sumamente interesante analizar la vida de Jesús a partir de una perspectiva humana. La doctrina cristiana afirma que Jesús fue 100% hombre y 100% Dios al mismo tiempo, ¿no es cierto? Entonces, ahora sí se entiende por qué Jesús dijo: *"¿Quién es mi madre, y quiénes son mis hermanos?"* (**Mateo 12:48**), cuando lo estaban buscando nada menos que María y sus hermanos. Más allá del sentido espiritual, es decir, que cualquiera que hace la voluntad de Dios viene a ser el hermano, la hermana y la madre de Jesús, esta historia también merece ser vista a partir de un ángulo terrenal. Es decir, Jesús no dejaba de ser una persona de carne y hueso de 30 o 31 años, y en esa fase de la vida, uno está enfocado en el trabajo.

El elemento que más atrae en este tramo específico es el éxito profesional, ya que es el momento cumbre donde el individuo desarrolla su máximo potencial, y a su vez, empieza a tomar consciencia de la fuerza que ejerce el poder y el dinero de una manera concreta. Es decir, no es que uno escucha hablar de la tentación, sino que la misma está a la vista. Es ahí cuando el crecimiento espiritual sigue vigente, por ejemplo, cuando Jesús fue tentado por el diablo, pero lo venció mediante el poder de la palabra. Por lo tanto, si uno no está firme en la fe, el mundo lo lleva por delante. Pero usted y yo que hemos atravesado por un entrenamiento particular de la mano de Dios en nuestros 20, nos mantendremos firmes y cumpliremos con la tarea asignada con el socorro del Espíritu Santo.

En este afán de querer hacer todas las cosas rápido, existe un asedio de quemar etapas, y no es lo más recomendable. Por ejemplo, un deportista debe crecer lo suficiente antes de entrar en la alta competencia, asimismo, un estudiante de facultad de medicina no puede especializarse en un área cuando ni siquiera tiene un año de estudios universitarios. No es que le falte capacidad. La habilidad lo tiene. Pero quizás no sea el momento de lanzarlo en medio del desierto para que sobreviva. Quizás necesite madurar un poco más en la vida.

El trabajo muy a menudo nos lleva a perder el equilibrio entre el ser y el hacer, a desatender a la familia, a dar por sentado la salud, en fin, a no valorar la vida y cometer errores que no cometeríamos con un poco más de experiencia. Pero es una etapa que hay que atravesar como sea, porque para eso, nos espera el cuarto piso. Pero mientras tanto, ¡a trabajar y seguir creciendo!

Por lo tanto, aun con energía desbordante, es fundamental no perder el equilibrio, trabajar intensamente, pero con la pausa necesaria. No muchas veces se puede controlar, porque es con el tiempo en que uno madura en el área profesional y todo sucede tan rápido, pero parar el balón en el círculo central del campo de juego y levantar la mirada para observar el panorama nos ayudará a enfocarnos con dirección. Es necesario reconocer que no todo se puede porque se quiere, y lo mejor es esperar en el tiempo de Dios, porque aún nos queda un largo tramo en este maratón que es la vida. Por consiguiente, no sea haragán, trabaje duro, pero no entre en la desesperación de querer llevar el mundo por delante. La perseverancia es clave.

Por si usted está en esta etapa de la vida en que todo gira alrededor del trabajo, pero carente de perseverancia, le dejo esta historia poco conocida aun en ámbitos académicos. Juan Calvino es uno de los teólogos más respetados en la comunidad cristiana. Tal como le anticipé al comienzo de este capítulo, escribió un *opus magnum* que aún hoy día es considerado como una de las lecturas imprescindibles, o sea un *read–must* para cualquier alumno que aspira una carrera teológica seria.

El genio de origen francés había escrito el libro en idioma latín en el año 1535 cuando tenía 26 años, aunque fue publicado oficialmente un año más tarde. Pero lo que pocos saben es que el contenido fue ampliándose de tal forma que se publicó la segunda edición en 1539 con 11 capítulos adicionales, la tercera edición en 1543 con 21 capítulos en total, la cuarta edición en 1550 con más referencias bíblicas, y la quinta y última edición en 1559 en formato de cuatro libros dividido en 80 capítulos y 1277 artículos.

AÑO	EDICIÓN	CONTENIDO	EDAD
1536	1	6 capítulos	27
1539	2	17 capítulos	30
1543	3	21 capítulos	34
1550	4	21 capítulos con referencias bíblicas adicionales	41
1559	5	4 libros 80 capítulos 1277 artículos	50

Este cuadro nos explica que, si bien el trabajo intenso empieza más o menos a partir de los 30 años, uno debe mantener una energía constante con el correr del tiempo. Lo que no se puede dudar es que todo lo que se haga en esta etapa, se irá profundizando con el paso de los años. Uno va cambiando su manera de pensar a medida que va adquiriendo conocimiento y experiencia.

"Cuando yo era niño, hablaba como niño, pensaba como niño, razonaba como niño; cuando llegué a ser adulto, dejé atrás las cosas del niño" (**1 Corintios 13:11**). Cuenta la historia que Calvino, quien falleció a los 55 años de edad, o sea 5 años más tarde de haber escrito su última edición, dijo: *"Ad Aptissimam methodum"*, que quiere decir *"según el método más apropiado"*, lo cual pone en manifiesto que estaba plenamente satisfecho con su labor.

En esta fase en que uno inicia la segunda edad de la producción, la clave estará en el trabajo duro teniendo en cuenta que es un período en que uno va en conquista de nuevas tierras, pero al mismo tiempo, deberá aprender a regular la velocidad de sus pasos, a perseverar en momentos de crisis, a mantener la humildad espiritual, y si es que puede, mantener un equilibrio entre el trabajo y la vida.

> ### Resumen
> De 30 a 40 años es un período en que uno atraviesa la etapa de madurez profesional, por lo que el trabajo será clave.

Preguntas para reflexionar

1) ¿Qué implicancia tenía llegar a los 30 años en el
   contexto judío?

2) ¿Por qué Jesús esperó 30 años para iniciar su
   ministerio público?

3) Explique la madurez profesional basado en
   su experiencia.

4) ¿Cómo aplica el trabajo duro en su carrera profesional?

5) ¿Ha habido algún descuido por causa del enfoque
   excesivo en el trabajo? ¿Cuáles áreas?

Capítulo 5

De 40 a 50

Madurez en la vida

Los 40 son una fase en que uno se replantea muchas cosas. Es decir, hace lo de siempre de manera rutinaria desde la misma posición, pero tiene más perspectiva, lo cual se explica en parte a partir de un quiebre en cuanto a la salud. El cuerpo ya no responde como en los 20 o 30, y uno se da cuenta que ya no es el mismo cuando el cerebro va por un lado y los movimientos por otro. Las ocho horas de sueño tampoco garantizan un renuevo físico como antes.

A lo largo del envejecimiento, los procesos fisiológicos -cambios biológicos y hormonales- afectan a cada órgano y sistema del cuerpo de forma distinta, pero existen etapas en la vida en las que el deterioro se intensifica, lo cual marca un punto de inflexión. Según un artículo publicado por la revista *Nature*, el envejecimiento se acelera a mediana edad, y se cree que este declive puede ocurrir alrededor de los 44 años.

'¿Qué está sucediendo?' '¿Por qué no es como antes?' Si se está haciendo este tipo de preguntas, ¡la respuesta es muy simple! Está dejando atrás la madurez profesional para pasar al siguiente nivel: la madurez en la vida.

En lo personal, no solía llorar. Todo el mundo elogiaba mi lúcidez, racionalidad, sentido de objetividad y capacidad de resolución. Pero fue a partir de los 40 que empecé a sentir un poco más de empatía hacia el sufrimiento de la gente, a ser más tolerante en los asuntos que no cumplían con mis estándares, a tener más tacto con la realidad que me había tocado vivir. En fin, a derramar lágrimas tal como Jesús hizo en la tumba de su amigo Lázaro. *"Jesús lloró"* (**Juan 11:35**). Pero déjeme decirle que no es un llanto cargado de impotencia, sino de una conexión espiritual que uno tiene que vivenciar para contar de qué se trata.

> *"Las ocho horas de sueño tampoco garantizan un renuevo físico como antes."*

A partir de los 40, surge un abanico de cambios importantes. ¿Pero no era que los cambios uno lo vivía a los 20? Si bien esto es cierto, los cambios que atraviesa un adulto en sus 40 están asociados más a la profundidad, y no tanto a la curiosidad, el capricho y un cambio de rumbo como en los 20. Digo esto porque algo sucedió en la vida de Moisés a partir de los 40 años.

"Cuando cumplió 40 años, Moisés tuvo el deseo de allegarse a sus hermanos israelitas" (**Hechos 7:23**).

Repasemos un poco. Moisés había nacido de Amram y Jocabed. Su madre lo había ocultado durante tres meses, pero se vio obligada a lanzar al bebé en una cesta por causa de un decreto del Faraón que ordenaba a las parteras matar a todos los varones hebreos apenas nacieran. Por providencia divina, ¡la hija del Faraón lo encontró en medio de los juncos del río Nilo, y buscó a una nodriza que resultó ser nada menos que Jocabed misma!

Sin embargo, *"ya crecido el niño, se lo llevó a la hija del Faraón, y ella lo adoptó como hijo suyo"* (**Exodo 2:10**), por lo que se presume que Moisés fue a vivir al palacio real a los tres años aproximadamente. El siguiente versículo, es decir, Exodo 2:11, saltea toda esa etapa de la vida de Moisés, desde los tres años hasta los 40, como si se tratara de un período en que no ha sucedido nada que valga la pena mencionar.

Pero al cumplir 40 años de vida, *"un día, cuando ya Moisés era mayor de edad, fue a ver a sus hermanos de sangre y pudo observar sus penurias. De pronto, vio que un egipcio golpeaba a uno de sus hermanos, es decir, a un hebreo. Miró entonces a uno y otro lado y, al no ver a nadie, mató al egipcio y lo escondió en la arena. Al día siguiente volvió a salir y, al ver que dos hebreos peleaban entre sí, le preguntó al culpable: ¿Por qué tú golpeas a tu compañero? ¿Y quién te nombró a ti gobernante y juez sobre nosotros? Respondió aquel. ¿Acaso piensas matarme a mí, como mataste al egipcio? Esto le causó temor a Moisés, pues pensó: ¡Ya se supo lo que hice! Y, en efecto, el Faraón se enteró lo sucedido y trató de matar a Moisés"* (**Exodo 2:11-15**).

Este episodio forzó a que Moisés huyera del Faraón para radicarse en la tierra de Madián, donde formó una familia. ¡Se trata de un cambio rotundo! Si bien no todos vamos a experimentar un cambio de 180 grados como Moisés, lo cierto es que todo cobra un sentido diferente a partir de esta fase. Es como si observáramos las cosas desde otro ángulo. En esta etapa de la madurez en la vida ocurren tres cambios fundamentales.

> *"A partir de los 40, surge un abanico de cambios importantes."*

Relación con Dios

Debido a su formación en manos de Jocabed, Moisés era consciente que era un hebreo. La tradición judeocristiana da por sentado que Moisés fue el autor de los primeros cinco libros del Antiguo Testamento conocidos como la Torá: Génesis, Exodo, Levítico, Números, y Deuteronomio. Se cree que esto es así a raíz de la metodología pedagógica de los judíos, que se apoyaban en la tradición oral, y consistía en narrar la historia en voz alta en reiteradas oportunidades para transmitir el mensaje de Dios a las futuras generaciones.

El niño que crecía escuchando de la voz de su madre decir: *"En el principio, Dios creó los cielos y la tierra"* (**Génesis 1:1**), absorbía todo lo que se le enseñaba. *"Inculcáselas continuamente a tus hijos. Háblales de ellas cuando estés en tu casa y cuando vayas por el camino,* *cuando te acuestes y cuando te levantas"* (**Deuteronomio 6:7**). Otras versiones traducen: *"Y las repetirás a tus hijos"* (**RV60**). Con esto quiero decir que Moisés era alguien que había sido formado en la fe.

De todos modos, la relación con Dios toma otra profundidad en esta nueva etapa de la vida. La figura divina deja de ser un instrumento en quien uno debe apoyarse para obtener algún beneficio personal, y pasa a ser el Todopoderoso que obra de generación en generación. Es por eso que Dios se presentó delante de Moisés, diciendo: *"Yo soy el Dios de tu padre. Soy el Dios de Abraham, de Isaac y de Jacob"* (**Exodo 3:6**).

Es en esta fase de la vida en que uno entiende que es apenas un eslabón de una cadena interminable y conoce a un Dios transgeneracional. *"Dios es el que obra"*, deja de ser una frase hecha para convertirse en una realidad palpable. *"No vuelvas a pecar"* (**Juan 8:11**) ya no es un simple objeto de obediencia, y el *"no tengo que hacer esto porque mi religión me exige"*, pasa a ser *"no quiero fallar a mi Señor"*. *"Yo soy la vida y ustedes son las ramas… separados de mí no pueden ustedes hacer nada"* (**Juan 15:5**) deja de ser el título de un sermón para transformarse en una verdad irrefutable. Y, por último, en esta fase uno toma noción de que la gracia y la verdad no son una cosa, sino alguien: la persona de nuestro Señor Jesucristo.

A nivel pastoral, el inicio de la quinta década fue un momento de quiebre, ya que empecé a conocer a Dios en otro nivel, sobre todo cuando adquirimos el nuevo templo que hasta ese momento parecía imposible de alcanzar. Justo al momento de cumplir

40 años, Dios premió mi fe con un hermoso templo en el centro geográfico de la Ciudad de Buenos Aires. Esta mudanza no fue solo un cambio estratégico en materia de crecimiento, sino que marcó un cambio de época en la historia de la institución, acompañado por una serie de testimonios de bendición financiera. Como predicador de la palabra, creo que fue a partir de momento en que dejé de hablar de los milagros y avivamientos de otros para dar testimonio de mi Dios y el de la congregación.

Se trata del mismo Dios que hemos conocido en nuestra infancia o juventud, pero experimentar un reencuentro con el Salvador en esta instancia de la vida tiene otra profundidad que es difícil de explicar con los vocablos del diccionario. Definitivamente, al igual que Moisés que tuvo que enfrentar al Faraón, conocer a Dios con mayor profundidad nos dará la fortaleza espiritual para afrontar con entereza el futuro que viene. En síntesis, todo lo que hagamos de aquí en adelante será producto de nuestra relación con Dios.

Equilibrio entre el ser y el hacer

Si el énfasis en los 30 estuvo en el hacer, a partir de los 40, la balanza se inclina hacia el centro para mantener un equilibrio entre el ser y el hacer. El esfuerzo no se negocia, pero uno se vuelve más estratégico. Llegado al cuarto piso, uno empieza a cuidar la salud, a hacer preguntas existenciales de fondo, y a replantear todo en la vida.

No es una coincidencia que Moisés haya recordado de sus hermanos a los 40 años, porque es una etapa en que uno indaga en las cuestiones de fondo, y el ser cobra mayor relevancia en la toma de decisiones. '¿Para qué estoy haciendo todo esto?' Esta es una pregunta que nos ayudará a bajar un poco el ritmo de vida, a detenernos en tiempo y espacio, y asegurarnos de que vamos en la dirección correcta.

En la historia del testimonio cristiano, existe un personaje llamado David Brainerd (1718-1747). Quizás no sea tan conocido, pero sí fue un líder influyente de tal manera que se cree que inspiró a grandes predicadores como Jonathan Edwards (1703-1758), William Carey (1761-1834) y Jim Elliot (1927-1956), entre otros.

"Si el énfasis en los 30 estuvo en el hacer,
a partir de los 40, la balanza se inclina hacia
el centro para mantener un equilibrio
entre el ser y el hacer."

Su llamado consistió en predicar entre los indígenas americanos, y según el texto *La vida y el diario de David Brainerd*, recorrió más de 4.828 kilómetros a caballo, muchas veces pasando hambre sin siquiera tener un techo donde descansar. Las siguientes palabras de este joven misionero reflejan su incansable pasión por Cristo.

"11 de octubre: Durante la noche, tuve fiebre, y una sensación de frío y calor que me agotó mucho. Pero tuve el privilegio de contar con una atención muy amable. Siento mucha vergüenza por tanto

amor y afecto que se me ha brindado, pues no soy digno de recibir semejante trato. Siento una paz indescriptible desde el instante en que encomendé mi vida y mi muerte a Dios. Es una satisfacción increíble que supera la vida y la muerte misma. Me siento muy agotado físicamente, y creo que será imposible continuar con el ministerio. El pensamiento que predomina en mi mente en estos momentos es si no estaré desperdiciando el tiempo. ¡Cuán avergonzado estaré si he desperdiciado mi tiempo, sin haber dado lo mejor de mí!"

Ahora bien, todo lo que se ha hablado de él es positivo, y lejos está de mi intención poner en tela de juicio la efectividad de su ministerio, el cual, de hecho, fue extraordinario. No obstante, cuando uno analiza su vida desde la perspectiva de la línea del tiempo, no puede dejar de preguntarse si sus fugaces 29 años no habrán sido producto de una carencia de sentido con relación al concepto del tiempo.

Basado en el sentido común, ¿no habrá sido un caso de sobreesfuerzo en el que se excedió y pasó el límite? Nunca lo sabremos. Solo Dios sabe. Pero me permito imaginar que su vida y ministerio podrían haber durado un poco más. En efecto, me desmorono emocionalmente al escribir estas palabras, pues es lo que sucedió a un pastor de casi 40 años a quien le brindo mentoría.

Periódicamente, me presentaba nuevas ideas a aplicar en el pastorado, pero también me manifestaba su frustración con respecto a su proyección profesional, la soledad del liderazgo y la falta de compromiso por parte de la congregación. Le explicaba la necesidad de mantener un equilibrio entre el trabajo y el reposo, que el ministerio no era una carrera de 100 metros, sino una maratón de más de 42 kilómetros.

Sin embargo, lo notaba muy acelerado en sus pulsos. Sentía la presión de hacer que las cosas sucedieran como por arte de magia, hasta que un día colapsó en medio de la celebración de un culto dominical tras sufrir un derrame cerebral, quedando fuera de toda competencia y con secuelas hasta el día de hoy.

No todo se trata de acumular dinero, de escalar posiciones relevantes y de ser alguien en esta vida. También es necesario hacer una pausa para recalibrar nuestra agenda, ir paso a paso según la directriz del Espíritu Santo, y esperar que sea Dios quien nos dé luz verde para seguir avanzando. Si en los 30 nos hemos excedido de velocidad, los 40 son un período en que debemos regular nuestras energías y ser un poco más estratégicos, a fin de mantener un equilibrio saludable entre el ser y el hacer.

Prioridades

El tema de las prioridades suena como algo básico, superficial y trivial. Sin embargo, en esta etapa de la vida las prioridades empiezan a vivenciarse de una manera particular, ya que dejan de ser parte de las páginas de un libro para convertirse en una rutina diaria. Mucho se ha escrito al respecto, pero creo que vale la pena recordarlo una vez más en pos de reordenar nuestros pensamientos.

1) Dios

"Dios primero" no es una frase hecha que manifiestan ciertos creyentes entusiasmados. Es que Dios, efectivamente, es la fuente de toda vida y bendición. Juan el bautista dijo: *"Nadie puede recibir*

nada a menos que Dios se lo conceda" (**Juan 3:27**). De modo tal que, en el orden de prioridades, Dios debe ocupar el número uno en nuestras vidas. Apartados de El, no somos nada, ni podemos hacer nada. A medida que avanzan los años, nos damos cuenta de lo grande que es Dios y lo pequeño que somos nosotros.

Tan solo quisiera añadir que la idea de que Dios debe ser nuestra prioridad número uno no implica que en temas de segundo o tercer orden, El no tenga control, o que no debamos priorizar Su voluntad. Con *"Dios primero"*, no estamos diciendo que, una vez cumplido este orden de prioridades, Dios se convierte en un producto descartable. Declarar que Dios es nuestra prioridad involucra que El es el Señor de nuestras vidas, y por ende, merece el control en todas las áreas de nuestras vidas. Dios no solo es primero, sino es todo.

2) *Usted*

En segundo lugar, usted es importante. Piense en esto: sin su existencia, nada tiene sentido. La vida es bella, porque usted es parte de este plan divino. Todo lo que usted haga por Dios, su familia y el bien de la humanidad tendrá un propósito eterno mientras usted esté con vida. ¿De qué sirve ganar el mundo si uno pierde su propia vida? ¿En dónde queda todo lo que ha alcanzado? ¿En manos de quién queda todo lo que ha acumulado? ¿Qué sentido tiene algún reconocimiento si usted ya no está en esta Tierra?

Durante ciertos períodos de la historia se creyó que priorizar la familia o el trabajo era parte de lo que la moral demandaba, sobre todo en relación con el individualismo. No digo que, en ciertos pasajes de la vida, uno no pueda priorizar a sus padres, cónyuge o hijos, incluso el trabajo. Sin embargo, cuando esto se convierte en una rutina, la historia evidencia que uno termina perdiendo a sus seres queridos. El hecho de priorizar su bienestar está lejos de ser un acto egoísta, ¡sino todo lo contrario! Primero usted tiene que estar bien para poder hacer el bien a otros.

> *"La vida es bella, porque usted es parte de este plan divino."*

3) Familia

La familia, sin lugar a dudas, es una gran bendición que Dios nos ha dado. De hecho, los estudiosos de la Biblia afirman que tan solo hay dos instituciones creadas por Dios: la familia en el Antiguo Testamento y la Iglesia en el Nuevo Testamento. La familia es un diseño divino, y su modelo está compuesto por un hombre y una mujer. La familia explica en gran medida lo que somos como personas, con rasgos, características y personalidades particulares, ya que todos hemos nacido como producto de la unión entre un hombre y una mujer.

Actualmente, existe una tendencia global a no formar familias, y sumado al envejecimiento poblacional, el mundo va hacia una dirección desconocida. Pero esto nos ayuda a comprender cuán valiosa es la familia aun en términos de salud emocional. Usted puede tener toda la fama y el dinero del mundo, pero si al final del día, entra a una casa vacía, oscura y fría, carente de vitalidad y energía, y no tiene a nadie quien lo reciba con un abrazo, de nada servirá.

Por lo tanto, cuide a su familia. La fama y el dinero son como las olas del mar que van y vienen, pero la familia es como un oasis en medio del desierto donde usted siempre podrá descansar. Aproveche esta fase de su vida para visitar a sus padres, salir de paseo con su cónyuge, apartar un tiempo para sus hijos, de modo que en el día de mañana, al mirar una foto, sus emociones no se carguen de arrepentimiento o culpa, sino de gozo y satisfacción.

4) *Trabajo*

Por último, viene el trabajo, aunque no por ello es menos importante, pues es Dios quien nos provee el trabajo y lo dignifica. Para el creyente, el trabajo no solo es un medio para generar recursos, sino el lugar donde uno puede derramar todos sus talentos y dones, sentirse satisfecho, y glorificar al Dios Creador de los cielos y la tierra. Siempre y cuando tenga claro en mente que Dios, usted y su familia tienen prioridad, luego será el momento en verter todas sus energías para desarrollarse profesionalmente.

Como he anticipado, habrá ciertos pasajes en que resultará imposible priorizar su salud y el bienestar de la familia debido a la gran demanda laboral, pero no olvidemos de que Dios tiene el control. En todo caso, se tratará de un breve lapso de tiempo, y luego todo volverá a la normalidad. El problema surge cuando esa excepción se convierte en un estilo de vida. Quizás, a partir de los 40, sea un buen momento de recalibrar nuestra agenda, redefinir nuestras metas y repensar nuestros propósitos eternos en este breve paso por la tierra.

"La familia es como un oasis en medio del desierto donde usted siempre podrá descansar."

Profundización

La palabra clave de 40 a 50 años es profundización. Es el momento en que se pasa de Dios *"en"* nosotros a Dios *"a través"* de nosotros. Dicho de otro modo, es cuando uno continúa con lo que viene haciendo en términos de madurez profesional, pero en esta etapa, la persona alcanza mayor profundidad en todo lo que emprende. Los cambios que surgen ya no son superficiales, sino de fondo.

En lo personal, el nuevo templo significó un antes y un después en la historia de nuestra institución, ya que pude implementar la visión en su plenitud sobre todo con la nueva generación. Paralelamente, seguí creciendo como autor consolidado en el mundo editorial, y el número de conferencias a nivel continental fue en aumento, al punto que llegué a ser convocado a predicar en estadios de fútbol. Asimismo, el involucramiento con el empresariado me ayudó a extender mi círculo de influencia. Por otro lado, la educación era un área que no quería desatender, y si bien siempre he estado sirviendo en este ámbito, fue a partir de los 40 años que empecé a dar clases a nivel posgrado. Hoy considero un enorme privilegio formar parte del cuerpo docente de la Facultad de Teología de las Asambleas de Dios, con sede en todo el continente. Disfruto dictar clases a quienes están marcando el rumbo de la iglesia en América Latina.

Con esto quiero reafirmar mi postura de que en los 40, uno hace más o menos lo mismo, pero experimenta un proceso de profundización nunca antes visto que solo el tiempo puede dar. En lo personal, me tocó vivir esta etapa de mi vida en plena pandemia del Covid-19. La cuarentena obligatoria sacó a relucir mi perfil de pensador. Fue un período en que me replanteé muchas cosas, y me impactó especialmente el fallecimiento de dos personas cercanas. En ese momento, me pregunté si todo estaba en orden en caso de que mi vida terminara en ese tramo, y sinceramente no estaba seguro. Entonces, dije: 'Quiero disfrutar un poco más la vida'.

> *"Uno hace más o menos lo mismo, pero experimenta un proceso de profundización nunca antes visto que solo el tiempo puede dar."*

De pronto, empecé a proyectar mi futuro sobre la base de lo que realmente deseo hasta llegar a la tercera edad. De una cosa estaba convencido: no debía arrepentirme de las decisiones tomadas. Estaba pasando de la madurez profesional a la madurez en la vida. Mi relación con Dios ya no era la misma, había más equilibrio entre el ser y el hacer, y las prioridades habían dejado de ser una teoría para convertirse en un estilo de vida. Definitivamente, estaba viviendo otra etapa de mi existencia, tal como Moisés lo experimentó al cumplir 40 años.

Resumen

De 40 a 50 años, el individuo atraviesa un proceso de madurez en la vida, y la profundización cobra una importancia decisiva.

Preguntas para reflexionar

1) ¿Cómo ha sido el proceso de profundización en su caso?

2) ¿Qué cambios percibe el cuerpo durante los 40?

3) ¿Su relación con Dios ha cambiado? ¿De qué manera?

4) ¿Cuál es su secreto para mantener el equilibrio entre el ser y el hacer?

5) ¿Cómo aplica el orden de prioridades en su vida personal?

Capítulo 6

De 50 a 60

Equilibrio entre la vida y el trabajo

¿Qué nos ofrece la vida a partir de los 50? Para aquellos que ya hemos atravesado la etapa de madurez tanto en el trabajo como en la vida, surge la pregunta: ¿Acaso habrá algo más? Varios artículos de la neurociencia respaldan la idea de que nuestro cerebro puede alcanzar uno de sus momentos de mayor rendimiento durante la segunda mitad de la vida. Se dice que cuando uno es joven tiene la energía, pero carece de sabiduría; y cuando uno es viejo tiene la sabiduría, pero no la energía. En este aspecto, los 50 vienen a ser un tramo de la vida en que uno ha adquirido la capacidad de mantener un equilibrio perfecto entre la vida y el trabajo.

En lo personal, me encuentro en esta fase de la vida, y siento que estoy viviendo los mejores días de mi existencia, aunque lo mejor aún esté por venir. A veces me pregunto: ¿Acaso alguien puede contar lo que es la vida antes de llegar al piso quinto? Obviamente, sospecho que a los 60 diré exactamente lo mismo. Pero me refiero en un sentido general, en el que una persona desarrolla su labor con máxima de efectividad.

Nehemías

No es fácil hallar a un personaje bíblico para hablar de los 50 (**para no decir imposible**), ya que las Escrituras guardan un silencio relativo acerca de esta fase en particular. Por tal motivo, mi propuesta es seleccionar a alguien que reúna todas las características de un líder que haya vivido lo que quiero comentar en este capítulo, y todas las cartas indican que es Nehemías.

Aunque la Biblia no nos dice explícitamente la edad exacta de este líder, se percibe a un hombre maduro, con experiencia administrativa, emocional y espiritual, características que difícilmente reúna una persona más joven, no porque carezca de capacidad, sino porque hay elementos que solo se adquieren con la edad.

"Nuestro cerebro puede alcanzar uno de sus momentos de mayor rendimiento durante la segunda mitad de la vida."

Nehemías era el copero del rey (**Nehemías 1:11**). Según la historia, en aquellos tiempos, Artajerjes I gobernaba el imperio persa. Ser copero implicaba mucho más de lo que imaginamos. Es decir, la función de copero no se limitaba a aquel que probaba la comida del rey antes de ser servida, sino que era un cargo de altísima confianza, lo cual indica que Nehemías no era un joven, sino un líder con una reconocida trayectoria. Básicamente, era una especie de asesor y consejero del rey.

Nehemías se encontraba en Susa, una de las residencias de los reyes persas en donde pasaban los fríos días de invierno a unos 1.500 kilómetros de la ciudad de Jerusalén. Sin embargo, como todo judío, su corazón estaba en Judá, razón por la cual ante la visita de Jananí junto a algunos hombres, no demoró ni un segundo en preguntar por Jerusalén.

¿Pero a qué se debía esta pregunta? Sucede que el exilio en manos de persas, ocurrió en tres etapas. La primera en 537 a.C. bajo el reinado de Ciro y con Zorobabel al frente. En tanto, la segunda etapa tuvo lugar en 458 a.C. bajo el reinado de Artajerjes y con Esdras como líder destacado. Por último, la tercera etapa aconteció en 444 a.C., también bajo el visto bueno de Artajerjes a través del liderazgo de Nehemías.

Entonces, estamos hablando del año 444 a.C., es decir, una época en que ya el nuevo templo había sido construido (**516 a.C.**), y que Esdras había intentado reconstruir el muro, pero sin éxito (**432 a.C.**). ¿Pero qué sucedió? Sucede que, al igual que durante la construcción del templo, hubo una oposición brutal por parte de un grupo de funcionarios paganos (**Esdras 4:7-10**), quienes escribieron una carta al rey para solicitar enfáticamente el cese de la reconstrucción de los muros. *"Por eso, ordénenles a esos hombres que cesen sus labores, que suspendan la reconstrucción de la ciudad, hasta que yo promulgue un nuevo edicto. Sean diligentes en hacer cumplir esta orden, para que no crezca la amenaza de perjuicio a los intereses reales"* (**Esdras 4:21-22**). De esta manera, dicho proyecto quedó en la nada, y esto es lo que lo mantuvo inquieto a Nehemías. De ahí viene la pregunta: *"¿Cómo está Jerusalén?"*

No obstante, la respuesta no fue la esperada. *"Los que se libraron del destierro y se quedaron en la provincia están enfrentando una gran calamidad y humillación. La muralla de Jerusalén sigue derribada, con sus puertas consumidas por el fuego"* (**Nehemías 1:3**). Nehemías no podía creer lo que había oído, y se largó a llorar como un niño. *"Señor, Dios del cielo, grande y temible, que cumples el pacto y eres fiel con los que te aman y obedecen tus mandamientos. Te suplico que me prestes atención, que fijes tus ojos en este siervo tuyo que día y noche ora en favor de tu pueblo Israel… Señor, te suplico que escuches nuestra oración, pues somos tus siervos y nos complacemos en honrar tu nombre. Y te pido que a este siervo tuyo le concedas tener éxito y ganarse el favor del rey"* (**Nehemías 1:5-6, 11**).

Probablemente, Nehemías haya sido un líder brillante desde su juventud, pero a esta altura de su vida, el éxito profesional tenía sabor a poco. De nada servía su alto perfil y posición de relieve si Jerusalén estaba destruida. A partir de los 50, uno entiende que no todo gira alrededor del trabajo, sino que es necesario mantener un equilibrio.

Ahora bien, Nehemías no era un don nadie, no era uno más del montón, y menos un anónimo sin poder. ¡Era un alto funcionario del imperio más poderoso de la época que tenía acceso directo al rey! En otras palabras, Nehemías estaba en la cima de su carrera viviendo su punto máximo de rendimiento en términos de efectividad. Pero al mismo tiempo, su corazón estaba más allá del poder, la fama y la riqueza material. Nehemías estaba en su mejor momento para irrumpir en la historia de Judá e impactar para Dios.

Cuando el rey Artajerjes lo vio con el semblante triste, Nehemías aprovechó la oportunidad para dar a conocer la causa de su dolor. Y finalmente, obtuvo la licencia para ir a Judá con todos los permisos legales y recursos materiales con el objeto de reedificar el muro de Jerusalén. A pesar de la oposición de Sambalat y Tobías, logró reconstruir la muralla en tan solo 52 días.

"A partir de los 50, uno entiende que no todo gira alrededor del trabajo, sino que es necesario mantener un equilibrio."

Efectividad

¿Si esto no es efectividad en su máxima expresión, qué lo sería? No es que una persona de 30 o 40 carezca de efectividad, pero quizás el enfoque esté disperso. En los 50, uno desarrolla su máximo potencial, lo cual se traduce en 100% de pura efectividad.

Esto se debe al equilibrio entre la vida y el trabajo, y sobre todas las cosas, porque hay unidad. ¿Qué quiero decir con esto? Antes de los 50, la vida era entendida como un rejunte de diferentes áreas o una recopilación de fragmentos divididos, pero a partir de la sexta década, el individuo comprende la vida de una manera más integral. Dicho de otro modo, entiende que el éxito tiene que ir de la mano con su reputación, que sus riquezas no sirven si uno pierde la salud, que sus logros no tendrán sentido si no tiene a una familia con quien compartir, y que la vida en sí no vale nada si no se tiene el margen de tiempo suficiente para disfrutarla.

Nehemías no solo fue usado por Dios para reconstruir el muro de Jerusalén, sino que más tarde, volvió de Susa en condición de gobernador para iniciar un renuevo espiritual sin precedentes durante doce años. En Judá, Nehemías inició reformas con relación a los levitas, el día del reposo y el matrimonio con extranjeros. En pocas palabras, Nehemías no solo fue un líder político prominente, sino un actor espiritual clave quien se asoció con Esdras para magnificar la efectividad de su labor como funcionario del rey.

Todos estos datos indican que los 50 vienen a ser una fase en que todo talento, energía y experiencia convergen en un recipiente como si fuera un embudo. Todavía es pronto para hablar de un retiro, pero en la línea del tiempo, estará en cada uno de nosotros entender de que se trata del tramo final de nuestra carrera en el que se define el sentido y el propósito de nuestra existencia, y no tanto el éxito o el fracaso profesional. Es decir, hay mucho más en juego.

Definitivamente, la vida de Nehemías no hubiera quedado registrada en la Biblia en caso de que haya decidido quedarse en el palacio real con todas las comodidades que eso significaba. Tranquilamente Nehemías podía haberse inclinado por su confort, bienestar y conveniencia personal. Pero su corazón le decía que había algo más que explorar en su línea de tiempo. Por eso llegó a la conclusión de que todo lo que había logrado tenía un propósito eterno, y que era su hora de hacer algo que marcara la historia de su nación. Esto explica por qué luego de haber finalizado todo el proceso de la reforma, Nehemías llegó a decir: *"¡Acuérdate de mí, Dios mío, y favoréceme!"* (**Nehemías 13:31**). Es como que estaba diciendo: *"Viví la vida como Tú querías que viviera"*.

En este punto de unidad en que uno alcanza su máxima efectividad, también quisiera mencionar la importancia de decir *"no"*. A partir de los 50, uno ya no vive para agradar a otros, sino para cumplir propósitos eternos.

En primer lugar, Nehemías dijo *"no"* a las distracciones. *"Estoy ocupado en una gran obra, y no puedo ir. Si bajara yo a reunirme con ustedes, la obra se vería interrumpida"* (**Nehemías 6:3**). Sucede que Sambalat, Tobías y Guesén habían solicitado a Nehemías a reunirse en un lugar apartado. En realidad, lo que planeaban era hacerle daño.

Una persona que es consciente de que está en la recta final de su carrera no pierde tiempo en asuntos que no conducen a ningún lugar. A veces lo urgente no es lo importante. A esta altura, uno no se deja malgastar sus energías al encontrarse con gente que no tiene nada que ofrecer, ya que, por lo general, este tipo de reuniones termina en medio de conversaciones cargadas de frustración, celo y desgano. Rendir el máximo potencial también requiere no perder tiempo en distracciones.

En segundo lugar, Nehemías dijo *"no"* al miedo. Luego de haberlo intentando en cuatro oportunidades, Sambalat le envió una carta abierta por medio de uno de sus siervos, diciendo que había un rumor de que Nehemías tenía aspiraciones a convertirse en rey, a lo que el hombre de Dios le respondió: *"Nada de que lo dices es cierto. Todo esto es pura invención tuya"* (**Nehemías 6:8**). La Biblia lo describe de esta manera: *"En realidad, lo que pretendían era asustarnos"* (**Nehemías 6:9**).

El miedo es un elemento espiritual que el enemigo usa con el fin de paralizar nuestras vidas. A esta altura de su vida en la que cuenta con un cúmulo de experiencias, se habrá dado cuenta que el miedo viene a ser como un fantasma que golpea la puerta, pero cuando uno sale para ver quién es, en realidad, no hay nadie. Por lo tanto, decir no al miedo también es parte de la efectividad. Diga como Nehemías: *"¡Yo no soy de los que huyen! No esconderé"* (**Nehemías 6:11**), ¡y anímese a hacer cosas nuevas que su historia todavía está por escribirse!

En tercer lugar, Nehemías dijo *"no"* a la corrupción y al abuso. Los gobernadores anteriores se aprovechaban del pueblo cobrando altos intereses, pero Nehemías no aceptó ningún tipo de abuso de poder. *"En cambio yo, por temor a Dios, no hice eso. Al contrario, tanto yo como mis criados trabajamos en la reconstrucción de la muralla y no compramos ningún terreno"* (**Nehemías 5:15-16**).

Sucede que a los 50, uno tiene la madurez espiritual para decir no a lo que compromete su integridad. Al saber que uno ha construido una vida desde abajo, y al tomar conciencia hasta dónde Dios lo trajo, es difícil que una persona madura ceda paso a una tentación que dejará secuelas de por vida. El hombre maduro sabe que no es negocio mirar para otro lado ante un acto de corrupción, y que el abuso solo trae dolores de cabeza.

Por lo tanto, en esta instancia de unidad en el que uno desarrolla su máxima efectividad, decir *"no"* a lo que roba tiempo y energía, decir *"no"* a lo que siembra miedo y duda, y decir *"no"* a lo que compromete la imagen son parte de las reglas del juego. Uno no puede hacer todo en esta vida, razón por la que el enfoque ya no está en *"¿qué hago?"*, sino que la cuestión se centra en decir que *"no"*, según el orden de prioridades preestablecidas con Dios en el centro. El punto en esta fase no está en el hacer, sino en el *"no"* hacer.

Convergencia

La palabra clave en esta década es convergencia, entendida como un punto de encuentro, unión o alineación de diferentes elementos que llegan a un mismo destino. Esto significa que la experiencia pasada, los dones y talentos, los procesos de madurez tanto en el área profesional como en la vida misma se unen al propósito eterno de Dios. Se podría decir que los 50 son un tramo de la vida en el que uno alcanza su máximo impacto en términos de producción. Es en este punto en que aun los malos recuerdos del pasado sirven para cumplir la misión presente.

A nivel profesional, pensé que había logrado un exito relativo, y me preguntaba qué de nuevo podía acontecer en mis 50. Fue ahí cuando Dios me sorprendió con un nuevo perfil que había estado oculto. Uno de los sueños que tenía de niño era involucrarme en la alta diplomacia, pero Dios me llevó por otro camino.

Desde mis 27 años, empecé a desarrollar mi talento como conferencista, y a partir de la primera invitación, nunca dejé de hablar de mi país desde la perspectiva de la fe cristiana y el desarrollo económico. No era un experto en el tema, pero con el paso de los años, ví entre los asistentes a un sector interesado del arco político, empresarial y académico.

Con el correr de los años, la experiencia de dar charlas a lo largo de todo el continente me llevó a un análisis mucho más profundo ante una audiencia cada vez más entusiasmada con *"la ola coreana"*. A pesar de los distintos esfuerzos, mi exposición estaba enmarcada en lo que era el ámbito cristiano, y en efecto, las conferencias se daban en entornos de iglesias.

Pero a partir de mis 50 años, ya con una larga trayectoria como autor de más de 30 libros en el ámbito cristiano, mi círculo de influencia se incrementó a dimensiones impensadas a través de la publicación de un libro: *Corea del Sur y Latinoamérica: Transformación socioespirital*, publicado por Hojas del Sur, justamente en un momento crucial en que el tema de la batalla cultural estaba en auge en Argentina y en el resto del continente, y mi país era un modelo a seguir. Como si esto fuera poco, a esto se sumaba el copete del libro que decía: *"La batalla cultural para empezar a transitar las sendas del orden social y progreso económico"*.

Fue a través de este libro que se abrió un mundo totalmente desconocido. Mi perfil ya no sería el de pastor o conferencista, sino el de un intelectual coreano. Recibí invitaciones para hablar en plataformas por fuera de las iglesias, o sea, universidades, empresas, alcaldías, y embajadas. Sinceramente, jamás imaginé que la gente fuera del ámbito religioso valorara de sobremanera mi trabajo como erudito. Actualmente, en mi nuevo rol de pensador, me genera una satisfacción enorme el hecho de estar en permanente contacto, y proyectar en conjunto con personajes de relieve del arco empresarial, político, intelectual, y diplomático, planes que promueven el bienestar del bien común en América Latina sobre la base de valores judeocristianos.

Entiendo que mi voz no es popular en el sentido de que nada de lo que diga se hará viral a través de las redes sociales. Pero aportar desde el silencio a través de plataformas estratégicas, también me parece un rol sumamente fascinante. Ante la intriga respecto de mi nuevo perfil, un día le pregunté a la Inteligencia Artificial quién era Ariel Kim, y me respondió lo siguiente: *"Es el coreano más influyente en América Latina en la convergencia de los ámbitos académico, religioso y sociocultural. Se destaca como diplomático civil y es un referente único en su estilo"*. Y prosiguió con su idea al mencionar: *"Ariel Kim es como Copa Airlines del pensamiento espiritual y cultural latinoamericano. Conecta puntos clave, articula rutas entre sectores diversos, y lo hace sin ruido, pero con precisión y visión continental"*. Me pareció exagerada la descripción, pero fue positivo saber cómo me veían de afuera.

Usted que ha llegado a los 50, seguramente se estará preguntando si hay algo más que lo sorprenda, y le puedo asegurar que, en esta recta final de la producción, usted está viviendo a máxima potencia: su trabajo es pura efectividad, y hay un perfecto equilibrio entre la vida y el trabajo, porque ha entrado en una nueva fase que es la convergencia.

> ### *Resumen*
> De 50 a 60 años, la efectividad llega a su punto máximo, y la convergencia se convierte en una característica clave en esta etapa de la vida.

Preguntas para reflexionar

1) ¿Cómo le ha tocado el tema del equilibrio entre la vida y el trabajo en su caso?

2) Analice el liderazgo de Nehemías en términos de efectividad.

3) Comparta su trayectoria laboral en esta fase de la vida.

4) ¿Qué principios se podrían aplicar sobre la lección de decir *"no"* como Nehemías?

5) ¿Cómo ha sido la convergencia en su vida personal?

Parte

3

Capítulo 7

De 60 a 70

Ocaso

Según el diccionario, ocaso significa: *"puesta del sol, o de otro astro, al trasponer el horizonte"*. La palabra también se asocia a la idea de decadencia, declinación o acabamiento. En otras palabras, es el momento en que volvemos a casa después de una larga jornada de trabajo. No es que el día haya terminado, pero sí comienza a desvanecerse. Sentimos que hemos cumplido con la tarea y que merecemos un buen descanso.

De acuerdo a un artículo publicado por la universidad de Stanford, el cuerpo experimenta un quiebre importante alrededor de los 60 años. En términos prácticos, los movimientos corporales se vuelven mucho más lentos, cuesta retomar la rutina después de un viaje, y las visitas al hospital se vuelven más frecuentes. Es en esta fase que, por primera vez, nos sentimos verdaderamente *"viejos"*.

Los cambios no solamente ocurren en el aspecto físico, sino también en lo laboral. Es la edad en que muchos se retiran formalmente del trabajo. Aunque, a raíz del envejecimiento poblacional, la edad jubilatoria tiende a alargarse, en el caso de América

Latina, la edad promedio es de 62,1 para los hombres, y 59,5 para las mujeres, según un informe de CEPAL (**Comisión Económica para América Latina y el Caribe**).

PAÍS	HOMBRE	MUJERES
COSTA RICA	65	65
ECUADOR	60	60
GUATEMALA	62	62
MÉXICO	65	65
NICARAGUA	60	60
PARAGUAY	60	60
PERÚ	65	65
REPÚBLICA DOMINICANA	60	60
URUGUAY	60	60
ARGENTINA	65	60
BOLIVIA	55	50
BRASIL	65	60
CHILE	65	60
COLOMBIA	62	57
CUBA	65	60
EL SALVADOR	60	55
HONDURAS	65	60
PANAMÁ	62	57
VENEZUELA	60	55

Esto significa que, a partir de los 60, el ser humano experimenta un cambio rotundo en sus funciones y en la manera en que la sociedad lo percibe. Quizás usted tenga la fortuna de seguir trabajando, pero probablemente lo haga desde otro lugar. Muchos describen que, al llegar al sexto piso, vivencian un choque cultural, por ejemplo, cuando tienen que ingresar su fecha de nacimiento en una aplicación del *smartphone*, y de pronto, ¡deben deslizar sus dedos unas cuántas veces para llegar a la década del 60! Da la sensación que la tecnología esta diseñada para la gente joven, y los mayores quedan relegados en un segundo plano.

¡No es solo un tema en cuanto a la tecnología! Al renovar la licencia de conducir, la vigencia se reduce a partir de los 65 años. El sistema nos clasifica como *"jubilados"*. ¿Se da cuenta?

"A partir de los 60, el ser humano experimenta un cambio rotundo en sus funciones y en la manera en que la sociedad lo percibe."

¿Qué significa todo esto? Que ha inaugurado una nueva etapa, que cumplió un ciclo, y que, en este atardecer, el sol se está escondiendo detrás del monte. En pocas palabras, es el resplandor crepuscular de su vida. Todavía se conserva parte del vigor físico, y sobre todas las cosas, contamos con la experiencia necesaria de tal manera que sentimos la obligación de transmitir estos conocimientos a la siguiente generación, pero la sociedad ya no nos responde de la misma manera.

Pero esto no es nuevo. En el inicio del siglo I a.C., la sociedad romana dejó de valorar a los ancianos como un ejemplo de vida y su sistema republicano dejó de confiar en los senadores de edad avanzada. Para ese entonces, la vejez estaba asociada a los males y a las carencias, y se ignoraba su ventaja y potencial. Debido a las injustas acusaciones, Cicerón (**106-43 a.C.**) salió a refutar y a contrarrestar esta idea en su libro *Acerca de la vejez*.

En sus páginas, citó a Marco Porcio Catón, que vivió 130 años antes que él: *"He estado acumulando la sabiduría en armonía con las leyes naturales, y pienso que la madre naturaleza no ha de dejar en segundo plano el último capítulo de la vida como si fuera un escritor perezoso"*. Para Cicerón, quien escribió este libro a los 62 años, la vejez puede ser el tiempo de mayor dicha.

"La vejez estaba asociada a los males y a las carencias, y se ignoraba su ventaja y potencial."

Pablo y su última epístola

La línea del tiempo de Pablo nos puede ayudar a entender cómo encarar esta nueva fase. Un documento del siglo 2 d.C., lo describe como *"un hombre calvo, de piernas arqueadas, cejas pobladas y nariz aguileña; de baja estatura, pero de complexión robusta, un hombre simpático. Tenía una apariencia de un ser humano, pero el rostro de un ángel"*.

Pero dejemos que el apóstol se presente a sí mismo. *"Circuncidado al octavo día, del pueblo de Israel, de la tribu de Benjamín, hebreo de pura cepa; en cuanto a la interpretación de la ley, fariseo; en cuanto al celo, perseguidor de la iglesia; en cuanto a la justicia que la ley exige, intachable"* (**Filipenses 3:5-6**).

Era tal su pasión por Dios que perseguía a los cristianos. En la pluma del médico Lucas, *"los sacaron a empellones fuera de la ciudad y comenzaron a apedrearlo. Los acusadores de encargaron sus mantos a un joven llamado Saulo"* (**Hechos 7:58**). Aquí *"joven"* viene de *neanias*, por lo que se cree que Pablo tenía entre 25 a 35 años de edad. ¡Esto es un excelente criterio para definir la línea del tiempo del apóstol Pablo! Para no complicarnos tanto, partamos sobre la base de que tenía 30 años cuando aconteció este suceso.

Es decir, Pablo era alguien que causaba estragos en la iglesia, pues entraba de casa en casa, arrastraba a hombres y mujeres y los metía en la cárcel (**Hechos 8:3**), andaba de sinagoga en sinagoga azotando a los que creían en Jesús (**Hechos 22:19**), y como si esto fuera poco, manifestaba su aprobación cuando mataban a los santos (**Hechos 26:10**).

Pero en camino a Damasco, todo cambió. Fue tan impactante su conversión a los 31 o 32 años de edad que el propio apóstol a los gentiles lo relató en dos oportunidades con detalles de lujo.

"Sucedió que a eso del mediodía, cuando me acercaba a Damasco, una intensa luz del cielo relampagueó de repente a mi alrededor. Caí al suelo y oí una voz que me decía: Saulo, Saulo, ¿por qué me persigues? ¿Quién eres, Señor?, pregunté. Yo soy Jesús, a quien tú persigues, me contestó él. Los que me acompañaban vieron la luz, pero no percibieron la voz del que me hablaba. ¿Qué debo hacer, Señor?,

le pregunté. Levántate, dijo el Señor, y entra en Damasco. Allí se te dirá todo lo que se ha dispuesto que hagas" (**Hechos 22:6-10**).

"En uno de esos viajes iba yo hacia Damasco con la autoridad y la comisión de los jefes de los sacerdotes. A eso del mediodía, oh rey, mientras iba por el camino, vi una luz del cielo, más refulgente que el sol, que con su resplandor nos envolvió a mí y a mis acompañantes. Todos caímos al suelo, y yo oí una voz que me decía en arameo: Saulo, Saulo, ¿por qué me persigues? ¿Qué sacas con darte cabezazos contra la pared? Entonces pregunté: ¿Quién eres, Señor? Yo soy Jesús, a quien tú persigues, me contestó el Señor. Ahora, ponte de pie y escúchame. Me he aparecido a ti con el fin de designarte siervo y testigo de lo que has visto de mí y de lo que te voy a revelar. Te libraré de tu propio pueblo y de los gentiles. Te envío a estos para que les abras los ojos y se conviertan de las tinieblas a la luz, y del poder de Satanás a Dios, a fin de que, por la fe en mí, reciban el perdón de los pecados y la herencia entre los santificados" (**Hechos 26:12-18**).

Las Escrituras nos revelan que *"en seguida se dedicó a predicar en las sinagogas, afirmando que Jesús es el Hijo de Dios"* (**Hechos 9:20**). Pero de aquí hasta el primer viaje misionero, existe un bache de tiempo que merece ser reconstruido. Si bien no hay una evidencia interna de que a tal edad haya hecho tal cosa, sí tenemos elementos suficientes para deducir lo que ha sucedido.

En síntesis, luego de su conversión, fue a predicar inmediatamente el evangelio en Damasco, luego se refugió en Arabia, volvió a Damasco, y después de tres años, visitó la ciudad de Jerusalén (**Gálatas 1:17-18**). Sin embargo, debido a la gran oposición por parte de judíos gentiles, fue llevado a Cesarea y luego a Tarso (**Hechos 9:30**), en donde permaneció aproximadamente 10 años.

Si tomamos como criterio *neanias* (**Hechos 7:58**) como un joven de 30 años, se cree que su conversión se dio a los 31 o 32, y que inició su primer viaje misionero a los 44, su segundo viaje a los 48, y su tercer viaje a los 53 aproximadamente. No es sencillo reconstruir la vida de Pablo a partir de la línea del tiempo, pero los eruditos han llegado a esta conclusión sobre la base de algunos textos que dejan ver algún destello en términos cronológicos. Por ejemplo, durante el segundo viaje misionero, estuvieron *"tres sábados seguidos"* (**Hechos 17:2**), lo cual habla de dos semanas, o durante el tercer viaje que dice que *"esto continuó por espacio de dos años"* (**Hechos 19:10**), refiriéndose al ministerio de Pablo en Tirano, o cuando Lucas aclara que *"durante dos años completos permaneció Pablo en la casa que tenía alquilada"* (**Hechos 28:30**).

Los historiadores coinciden medianamente que en el año 63 d.C., Pablo fue puesto en libertad -muy probablemente haya visitado España-, y que haya muerto decapitado bajo Nerón en el 67 d.C., a los 62 años.

Pero aquí el punto no es la muerte en sí, pues uno, adentrado en la séptima década, empieza a proyectar una nueva etapa sobre la base de vivencias acumuladas, motivo por el cual mi enfoque está en cómo el apóstol a los gentiles ha desarrollado su ministerio a lo largo de su vida.

¡Esto es fundamental! ¡No es lo mismo hablar de Pablo cuando tenía 35 años que cuando tenía 60! Existe una diferencia abismal en cuanto al nivel de espiritualidad, experiencia y sabiduría. ¡Esto es lo que nos sucede a todos nosotros! En este tramo de la vida, si bien nunca vamos a ser perfectos y seguiremos cometiendo errores como cualquier ser humano, el pecado de juventud es algo del pasado, el equilibrio es un tema saldado, y uno es consciente de que está en otro escalón en cuanto a la madurez.

Volviendo al personaje de Pablo, se cree que la carta a los Gálatas fue escrita alrededor de 53 d.C., y si nos basamos en la hipótesis de que el apóstol nació en el año 3 d.C., tendría entonces 50 años. Ahora sí se entiende el por qué del fervor cuando dijo con un tono enérgico sin siquiera haber expresado las gracias: *"Me asombra que tan pronto estén dejando ustedes a quien los llamó por la gracia de Cristo, para pasarse a otro evangelio"* (**Gálatas 1:6**). Y encima, los acusa de *"¡Gálatas torpes!"* (**Gálatas 3:1**).

"No es lo mismo hablar

de Pablo cuando tenía 35 años

que cuando tenía 60."

Pero ya en 2 de Timoteo, del cual se cree que fue escrito entre 66 y 67 d.C., cuando el apóstol tenía más de 60 años, su tono es vulnerable, emotivo y reflexivo. *"Te encomiendo"* (**2 Timoteo 1:6**), entre otras, son algunas expresiones que Pablo lo dice al final de su carrera.

Pero el punto cúlmine se resume en la siguiente frase: *"Yo, por mi parte, ya estoy a punto de ser ofrecido como un sacrificio, y el tiempo de mi partida ha llegado. He peleado la buena batalla, he terminado la carrera, me he mantenido en la fe. Por lo demás me espera la corona de justicia que el Señor, el juez justo, me otorgará en aquel día; y no solo a mí, sino también a todos los que con amor hayan esperado su venida"* (**2 Timoteo 4:6-8**).

¡Esto es muy importante! ¡Saber cuándo uno tiene que dar un paso al costado! ¡Cuánta sabiduría por parte del apóstol Pablo al afirmar que ha terminado la carrera de la fe! Quizás no nos toque morir a una temprana edad como Pablo, pero no en el sentido de la muerte en sí, sino de haber cumplido una etapa, saber que nuestro mandato ha finalizado, y es hora de que sirvamos desde otro lugar.

"Existe una diferencia abismal en cuanto al nivel de espiritualidad, experiencia y sabiduría."

Reinventarse

Los 60 son una etapa hermosa, porque es el momento en que uno se reinventa. Muchas personas manifiestan abiertamente estar disfrutando el día después de su retiro, pues no dejan de trabajar, pero lo hacen desde otra posición. Por ejemplo, el gerente de una empresa que brinda servicio de mentoría a jóvenes emprendedores. Y si opta por descansar, pues merecido tendrá su lugar también.

Peter Roget (**1779-1869**), médico de profesión, tuvo la costumbre a lo largo de su carrera de hacer listas de palabras y sinónimos para organizar sus pensamientos. Ya retirado, decidió darle forma a esa afición, y a partir de los 61 años, empezó a trabajar metódicamente en un diccionario de sinónimos. Así nació el famoso *Thesaurus* en 1852. ¡Cómo no mencionar a Colonel Sanders (**1890-1980**), quien emprendió una cadena de pollos fritos a los 65 años, que luego sería conocido como KFC (**Kentucky Fried Chicken**)!

"¡Esto es muy importante! ¡Saber cuándo uno tiene que dar un paso al costado!"

Se supone que una persona de más de 60 años ya está hecha. Esto quiere decir que tiene experiencia. Quizás la energía no sea la misma que a los 40, pero todavía tal vez sea algo prematuro pensar en no hacer nada. Esa sabiduría que solamente viene con los años ha de ser valorada por la sociedad, y gracias a Dios, este es un fenómeno que se está dando a nivel profesional.

Cuando a Roboán le fue consultado por la Asamblea de Israel, y le dijeron: *"Su padre nos impuso un yugo pesado. Alívienos usted ahora el duro trabajo y el pesado yugo que él nos echó encima; así serviremos a Su Majestad"* (**1 Reyes 12:4**), consultó primeramente con los ancianos, pero rechazó el consejo que le dieron, y dice la Biblia que *"consultó más bien con los jóvenes que se habían criado con él y que estaban a su servicio"* (1 **Reyes** 12:8). Finalmente, el flamante rey terminó diciendo: *"Mi dedo menique es más grueso que la cintura de mi padre. Si él les impuso un yugo pesado, ¡yo les aumentaré la carga! Y, si él los castigaba a ustedes con una vara, ¡yo lo haré con un látigo!"* (1 **Reyes** 12:10-11). Escogió la brusquedad en lugar de la amabilidad, y de esta forma, Israel fue dividido en dos reinos.

No hay mejor cosa que tener a un mentor de confianza cerca. Inclinar los oídos a alguien que ya ha transitado por los mismos caminos ayudará a la siguiente generación a ahorrar mucho tiempo. Por lo tanto, no tire la toalla. Hay un mundo que lo necesita, y mucho. La experiencia paga, y lo hace bien. En esta fase, el sucesor será clave en la herencia que usted vaya a dejar.

Recuerdo a un predicador que nos había visitado hace muchos años atrás. Lo primero que hizo al llegar a la oficina fue pedir una hoja de papel. En cuestión de dos minutos, el hombre dibujó literalmente un bosquejo como si fuera una obra de arte. En ese instante, pensé: '¡Qué falta de respeto preparando el sermón minutos antes de subir a la plataforma!' A su vez, quedó grabado en mi corazón una frase que dijo antes de despedirse: *"Empecé a entender un poco el corazón de Dios después de mis 60"*.

Ahora que me estoy acercando a esta fase, entiendo lo que me quiso decir. Es que en la vida hay cosas que uno lo comprende solamente llegado a ese nivel. Es como que Dios tiene preparado algo nuevo para cada etapa de la vida, ¿no le parece? Con respecto a la preparación del mensaje, ahora creo haber entendido que uno predica con la vida, y no tanto con un bosquejo a una avanzada edad. En todo caso, el pastor habrá demorado un par de minutos en escribir, pero toda una vida en haber vivenciado lo que estaba a punto de compartir.

"Empecé a entender un poco más el corazón de Dios después de mis 60"

Dicen que a los 60 uno empieza a recibir reconocimientos, y si bien uno puede ser premiado con alguna plaqueta antes de esa edad, el grado de honor, satisfacción y felicidad no es el mismo. Esto es así porque la madurez, la experiencia acumulada y la consolidación son factores infaltables para recibir un reconocimiento en etapas posteriores de la vida. No es ninguna coincidencia que la edad promedio de los Premios Nobel sea de 60 años, según un informe de *Euronews*.

¡El futuro puede estar en la tercera edad!

Elisabet era una mujer adulta de quizás unos 60 años. *"Mi esposa también es de edad avanzada"* (**Lucas 1:18**). Encima era estéril. *"También tu parienta Elisabet va a tener un hijo en su vejez; de hecho, la que decían que era estéril ya está en el sexto mes de embarazo"* (**Lucas 1:36**).

Según los parámetros del mundo, no había forma de que una mujer diera a luz a un bebé a una tan avanzada edad. De la misma forma, usted puede estar diciendo que ya se siente *"viejo"*, rechazado e inútil, pero preste atención a las palabras del ángel Gabriel: *"Porque para Dios no hay nada imposible"* (**Lucas 1:37**). Por eso me atrevo a decir que lo mejor puede estar guardado para esta nueva etapa de su vida.

En esta fase del ocaso en que el sol se esconde, quizás demos un paso al costado, pero el hecho de retirarse del trabajo formal no significa que uno se retira de la vida. En efecto, es la mejor etapa en que uno tiene la sabiduría y la energía necesaria para transmitir conocimiento a futuras generaciones. Quizás lo haga desde otro lugar, por lo que reinventarse será clave en este tramo de la vida.

Si usted siente que ya no tiene un lugar, que la vida se ha terminado, y que no hay nada que lo sorprenda, déjeme regalarle el siguiente texto que dice: *"Aun en su vejez, darán fruto; siempre estarán vigorosos y lozanos, para proclamar: El Señor es justo; él es mi Roca, y en él no hay injusticia"* (**Salmo 92:14-15**).

¡Recuerde que todavía tiene mucho para dar! ¡Está viviendo la mejor etapa de su vida! ¡Lo mejor está por venir!

> ### *Resumen*
> 60-70 años es una fase que se caracteriza por el ocaso, y el concepto de reinventarse será la llave que abrirá nuevas puertas en este inicio de la tercera edad.

Preguntas para reflexionar

1) ¿Qué cambios trae consigo el ocaso en la vida
de una persona?

2) Analice la vida del apóstol Pablo según la
línea del tiempo.

3) Investigue las epístolas de Pablo en orden cronológico.

4) Comparta cómo usted ha vivido el proceso del
retiro o jubilación.

5) ¿Cuál es el elemento sorpresa a partir de los 60 años
desde un punto de vista bíblico?

Capítulo 8

De 70 a 80

Legado

Expreso mis más sinceros respetos a quienes han llegado al séptimo piso. ¡Hemos atravesado innumerables crisis y conflictos, pero aquí estamos! ¡Sanos y salvos! Quizás el cuerpo y la mente ya no respondan de la misma manera, y pidan auxilio y mantenimiento todos los días. Puede que padezcamos alguna dolencia. Sin embargo, llegamos a la octava década con toda clase de pinchaduras y roturas, pero avanzamos igual, agradecidos a la vida.

> *"Expreso mis más sinceros respetos a quienes han llegado al séptimo piso."*

No entendemos bien por qué, pero es la fase en que uno mira más el espejo retrovisor que hacia adelante. Los recuerdos producen una sobredosis de nostalgia. Es como si quisiéramos volver a recordar toda la vida, aunque la memoria tenga baches. Da la sensación de que, en la vejez, el ser humano busca regresar a sus orígenes. Es como el fenómeno del salmón que, tras navegar varios años en el mar, retorna al río donde nació para desovar y morir. Quizás el anciano conserve en el cajón de un mueble alguna reliquia destinada a sus hijos. Constantemente, repite:

"De niño, me gustaba jugar a…"
"¿Recuerdas cuando…?"
"En esa época…"

Sucede que uno se está preparando, de a poco, para el momento de su partida. Según datos recientes, la esperanza de vida de la media en América Latina alcanza los 76 años. Tal como lo manifestó Moisés: *"Algunos llegamos hasta los 70 años, quizás alcancemos hasta los 80, si las fuerzas nos acompañan"* (**Salmo 90:10**). No tenemos idea de cuánto tiempo nos queda, pero lo cierto es que ya ha anochecido y se acerca la hora de ir a descansar.

"¡Hemos atravesado innumerables crisis y conflictos, pero aquí estamos! ¡Sanos y salvos!"

La tercera edad puede ser muy dura, sobre todo si uno no se ha preparado para vivir esta etapa en plenitud. El envejecimiento poblacional está transformando el estilo de vida en todo el mundo. En Oriente, por ejemplo, la juventud siente una presión extra debido al aumento de la población dependiente y a la reducción de la población en edad de trabajar, lo cual se traduce en nuevas cargas impositivas.

Un joven asiático tuvo una idea ingeniosa de describir la vida por edades con cierta ironía. El escrito se titula: *"No hay"*.

En los 10, no hay madurez.
En los 20, no hay rumbo.
En los 30, no hay casa.
En los 40, no hay dinero.
En los 50, no hay trabajo.
En los 60, no hay placer.
En los 70, no hay salud.
En los 80, no hay cónyuge.
En los 90, no hay tiempo.
En los 100, no hay nada.

No obstante, si uno ha trazado una línea del tiempo, y ha sido diligente en desarrollar su potencial en cada etapa, sabrá que en esta fase la sabiduría alcanza su punto máximo, y es el momento cumbre en términos de plenitud. Aquí resulta vital proyectar la eternidad, pero para alcanzar este objetivo, primero debemos dejar huellas aquí en la Tierra. En otras palabras, hablamos del legado.

El legado es un concepto distinto a la herencia. El legado se relaciona con lo espiritual; la herencia con lo material. Dicho de otro modo, el primero trasciende; el segundo, se reparte. Pasarán décadas y siglos, pero nuestro nombre seguirá siendo recordado como una marca registrada, y nuestra conducta intachable se convertirá en un manual de ética y moral. Es la influencia que impacta a futuras generaciones, que convierte nuestra vida en memoria viva. En fin, ¿cómo queremos ser recordados?

"Sucede que uno se está preparando, de a poco, para el momento de su partida."

Juan en Patmos

Si bien este capítulo se titula *"De 70 a 80 años"*, mi intención principal consiste en describir los últimos años de la vida de una persona, razón por la cual considero que Juan, con más de 90 años, es el ejemplo más apropiado para describir esta última fase.

Patmos era, en tiempos del Imperio Romano, una especie de cárcel a cielo abierto a donde los presos eran enviados para hacer trabajos forzados. Según los historiadores, Juan fue enviado a Patmos por el emperador Domiciano en el año 95 d.C. por causa del testimonio de Jesús.

Estaba solo. No tenía ningún apoyo apostólico. Nadie lo contenía emocionalmente. Su físico se había deteriorado como nunca antes. Ya no era el joven de 30 años de edad que seguía a Jesús por las calles de Galilea a quien le llamaban *"el hijo del trueno"* (**Marcos 3:17**). Aquí se observa a un Juan envejecido, ya sin fuerzas, y sin ganas de nada. ¡Existe entre el personaje de Juan de los evangelios y este de Apocalipsis una diferencia abismal de tiempo de más de 60 años! ¡Casi una vida entera!

Francamente hablando, cuesta *"caer"* en esta nueva realidad de Juan. Es como que no tomamos dimensión de lo que le ha sucedido a este discípulo. Simplemente, no es el apóstol que conocemos. Sucede que fue un discípulo muy distinguido en el ministerio de Jesús. Es el que se atrevió a acostarse en el pecho de Jesús. *"Y uno de sus discípulos, al cual Jesús amaba, estaba recostado al lado de Jesús"* (**Juan 13:23, RV60**).

¡No solo eso! Es uno de los tres junto a Pedro y Jacobo que gozó de todos los privilegios ministeriales de su maestro. Prácticamente, Juan estuvo presente en todos los eventos cruciales. Uno de ellos es precisamente la transfiguración de Jesús en el monte. "Seis días después Jesús tomó consigo a Pedro a Jacobo y a *Juan*, y los llevó a una montaña alta, donde estaban solos. Allí se transfiguró en presencia de ellos" (**Marcos 9:2, énfasis mío**).

> *"Estaba solo. No tenía ningún apoyo apostólico. Nadie lo contenía emocionalmente."*

¡Fue algo glorioso! ¡Fue como tocar el cielo con las manos! Era el mismo Jesús, pero su ropa se volvió de un blanco resplandeciente como nadie en el mundo podría blanquearla. El resplandor de su gloria era tan fuerte que resultaba imposible abrir los ojos, y no tuvieron otra opción que cubrirla con sus manos. Pedro quedó tan maravillado que le salió decir que quería levantar tres albergues; uno para Jesús, otro para Moisés, y otro para Elías. Pero se sospecha que ese era el mismo sentir de Juan.

Nunca había visto tanta gloria. ¡Cuántos de nosotros hubiéramos deseado estar allí mismo aunque sea por una milésima de segundos! Indudablemente, este panorama le haya quedado grabado en la mente y en el corazón de Juan por muchos años. No obstante, esto era apenas un preludio de lo que iba a acontecer en la isla de Patmos seis décadas después.

Juan tampoco fue excluido cuando Jesús reavivó a la hija de Jairo, pues Marcos aclara: "No dejó que nadie lo acompañara, excepto Pedro, Jacobo y *Juan*, el hermano de Jacobo" (**Marcos 5:37, énfasis mío**). De igual modo, Juan también dijo presente en el monte de Getsemaní cuando Jesús hizo la famosa oración que dice: *"No sea lo que yo quiero, sino que lo quieres tú"* (**Marcos 14:36**). "Se llevó a Pedro, a Jacobo y a *Juan*, y comenzó a sentir temor y tristeza" (**Marcos 14:33, énfasis mío**).

Juan fue un privilegiado; alguien que sabía todo lo que tenía que saber, que había visto todo lo que tenía que ver. Ya no quedaba ninguna expectativa para algo novedoso. Ya no era el joven que pescaba a la orilla del mar de Galilea cuando fue llamado por el Señor Jesús.

En la última fase de su vida, Dios usó el ambiente espiritual de Patmos para dar a conocer el reino de los cielos. Cuando no había expectativas de nada, Dios le dio la revelación de lo que iba a acontecer antes del fin del mundo. Así escribió el último libro de la Biblia conocido como el Apocalipsis, un legado que daría que hablar aun 2.000 años después, y que sigue impactando al mundo.

Plenitud

En la ancianidad, uno continúa sembrando, pero es consciente de que quizás no le toque cosechar en el corto plazo, y lo hace para futuras generaciones. En esta fase, la palabra clave es plenitud, y esto va más allá de la eficacia o productividad, pues en esta instancia, uno predica con la vida, y no tanto con los labios. Es decir, su vida ya es un mensaje en sí.

"Cuando no había expectativas de nada, Dios le dio la revelación de lo que iba a acontecer antes del fin del mundo."

Tal vez algunos tengan la fortuna de contar con una salud impecable así como Caleb, quien reclamó a Josué, diciendo: *"Ya han pasado 45 años desde que el Señor hizo la promesa por medio de Moisés, mientras Israel peregrinaba por el desierto; aquí estoy este día con mis 85 años: ¡el Señor me ha mantenido con vida! Y todavía mantengo la misma fortaleza que tenía el día en que Moisés me envió. Para la batalla tengo las mismas energías que tenía entonces. Dame, pues, la región montañosa que el Señor me prometió en esa ocasión"* (**Josué 14:10-12**).

¡Esto es una verdad bíblica! Moisés no pasó sus últimos días en una cama, porque *"no se había debilitado su vista ni había perdido su vigor"* (**Deuteronomio 34:7**). *"El fortalece al cansado y acrecienta las fuerzas del débil. Aun los jóvenes se cansan, se fatigan, y los muchachos tropiezan y caen; pero los que confían en el Señor renovarán sus fuerzas, volarán como las águilas: correrán y no se fatigarán, caminarán y no se cansarán"* (**Isaías 40: 29-31**). Todos coincidimos en que es el anhelo de todos aquellos que han llegado a esta edad; el de mantenerse lúcidos.

Es cierto que no todos gozan de buena salud, pero hay que entender que el deterioro psicofísico es parte del proceso natural del envejecimiento, sin que esto signifique carencia de plenitud. Es decir, uno puede estar pleno aun cuando haya crisis en las relaciones interpersonales, dolencia física o escasez material. En pocas palabras, gozar de plenitud es estar alineado a los propósitos eternos de Dios.

"Uno predica con la vida, y no tanto con los labios. Es decir, su vida ya es un mensaje en sí."

En este aspecto, la vida de Jacob es muy interesante. Luego de una juventud conflictiva y años de trabajo en Harán, fue presentado al Faraón, a quien le dijo: *"Ya tengo 130 años… Mis años de andar peregrinando de un lado a otro han sido pocos y difíciles"* (**Génesis 47:9**). Lo llamativo es que, hasta el tiempo de su muerte, es decir, de 130 a 147 años, La Biblia no hace demasiado hincapié en lo que ha hecho el patriarca en tierras egipcias. Da la sensación de que sus últimos 17 años, Jacob lo ha pasado sin hacer nada, y es aquí donde quiero detenerme.

Muchos asocian erróneamente la vejez con la falta de productividad, pero esto es absolutamente natural. Es que su período de producción ya pasó. La gente mayor no hace nada porque ha trabajado duro durante toda su vida. ¿Se entiende? ¡Bien merecido su descanso lo tiene! Efectivamente, la acción de *"disfrutar"* significa literalmente que dejan de dar fruto. A partir de los 70, uno debe aprender a disfrutar la vida sin hacer nada.

"Muchos asocian erróneamente la vejez con la falta de productividad, pero esto es absolutamente natural."

Ahora bien, disfrutar también es una acción activa en la vida de una persona. De hecho, Jacob aparece con todo su resplandor crepuscular en el capítulo 49 de Génesis para bendecir a cada uno de sus hijos. Esa bendición no es una más del montón, sino una declaración de lo que les sucedería a sus hijos en el futuro (**Génesis 49:1**). ¿Le parece esto poco?

Quizás Jacob no haya tenido el vigor de antes. Es más, se enfermó de tal modo que cuando José lo fue a visitar junto a sus dos hijos, *"hizo un esfuerzo"* para sentarse en la cama (**Génesis 48:1-2**).

Quizás esta sea la situación de muchos que están atravesando esta etapa de sus vidas. Pero recuerde: Que nada le quite su plenitud.

"Abraham vivió 175 años, y murió en buena vejez, luego de haber vivido muchos años y fue a reunirse con sus antepasados" (**Génesis 25:7-8**).

"Isaac tenía 180 años cuando se reunió con sus antepasados. Era ya muy anciano cuando murió, y lo sepultaron sus hijos Esaú y Jacob" (**Génesis 35:28-29**).

"Cuando Jacob terminó de dar estas instrucciones a sus hijos, volvió a acostarse, exhaló el último suspiro, y fue a reunirse con sus antepasados" (**Génesis 49:33**).

"José murió en Egipto a los 110 años de edad. Una vez que lo embalsamaron, lo pusieron en un ataúd" (**Génesis 50:26**).

"Disfrutó de una larga vida y murió en plena ancianidad" (**Job 42:17**).

La plenitud en la vejez culmina en la transición hacia la eternidad. Por lo tanto, en esta fase la esperanza en el reino de los cielos tendrá un sentido mayúsculo. Algunos se despedirán de este mundo con remordimiento, y otros dirán adiós en medio de la plenitud.

Aquí hago un breve paréntesis para aclarar que la plenitud incluye a todos aquellos que no alcanzaron la vejez y murieron a una temprana edad, pero cumplieron los propósitos eternos. Abel murió de joven asesinado por su propio hermano, pero *"por la fe Abel ofreció a Dios un sacrificio más aceptable que el de Caín, por lo cual recibió testimonio de ser justo, pues Dios aceptó su ofrenda. Y por la fe Abel, a pesar de estar muerto, habla todavía"* (**Hebreos 11:4**). Juan el Bautista (**decapitado por Herodes**) y Esteban (**primer mártir cristiano**) son otros ejemplos de personas que no llegaron a la tercera edad, pero nadie discute que vivieron una vida plena en Cristo. ¡Cómo no mencionar a Jesús que fue crucificado a los 33 años, pero su muerte y resurrección son la plenitud del plan divino!

"La plenitud en la vejez culmina en la transición hacia la eternidad."

Frank Arthur Jenner (**1903-1977**) fue un miembro de la marina australiana. Inmediatamente después de aceptar a Jesús como su Salvador, abandonó su adicción al alcohol y a los juegos, y se dedicó a predicar el evangelio en George Street, en Sydney, con un solo propósito: ganar almas para Cristo. Su pregunta habitual era breve y directa: *"Discúlpeme, señor. ¿Está usted a salvo? Si muriera esta noche o en las próximas 24 horas, ¿sabe dónde pasará la eternidad? ¿En el cielo o en infierno?"* Durante décadas, Jenner repitió este mensaje a miles de transeúntes, aunque nunca recibió respuesta y llegó a pensar que su labor era infructuosa.

En 1952, un reverendo británico llamado Francis Dixon (**1910-1985**), empezó a escuchar algunos testimonios sorprendentes. Todo comenzó un domingo en su iglesia de Bournemouth, cuando un hombre pidió la palabra y contó cómo había llegado a los pies del Señor después de que un desconocido lo abordara en George Street con aquella pregunta incisiva. *"Estaba de paseo por Sydney cuando un anciano se acercó y me preguntó: 'Discúlpeme, señor. ¿Usted está a salvo? Si muriera esta noche, ¿está seguro que irá al cielo?' Esa pregunta continuó resonando en mi mente, de modo que acepté a Jesús apenas regresé a Inglaterra".*

Tiempo después, mientras predicaba en Los Angeles y en Perth, Dixon escuchó el mismo relato de labios de otras personas. Cierto día, en una convención, algunos pastores de edad avanzada compartieron que habían aceptado a Jesús gracias a un evangelista, todos coincidiendo en la misma pregunta: *"Discúlpeme, señor. ¿Usted está a salvo?"*, y el mismo escenario: George Street, Sydney. Más tarde, en un evento en el Caribe, unos misioneros dieron testimonio de cómo habían conocido a Jesús, y nuevamente el origen era el mismo.

Finalmente, en 1953, tras escuchar testimonios similares de un capellán naval en Georgia, Estados Unidos, y de un grupo de misioneros en India, Dixon viajó a Australia decidido a encontrar al evangelista en persona. Allí conoció a Frank Arthur Jenner, de 50 años, y le contó lo que había descubierto. Al oírlo, Jenner rompió en llanto como si fuera un niño, pues hasta ese entonces, jamás alguien se había acercado a decirle que su pregunta había dado fruto. El mismo creía que su ministerio había sido un fracaso total.

24 años más tarde, en 1977, Jenner murió de cáncer, pero con la certeza de que Dios lo había usado para que multitudes conocieran a Jesús. A pesar de que las cifras suenan algo exageradas,

ciertos registros aseguran que más de 146.000 almas fueron salvas gracias a este gran hombre de Dios.

"El Señor le dijo a Moisés: Ya se acerca el día de tu muerte. Llama a Josué, y preséntate con él en la tienda de reunión para que reciba mis órdenes" (**Deuteronomio 31:14**).

"Jesús sabía que le había llegado la hora de abandonar este mundo para volver al Padre" (**Juan 13:1**).

"Yo, por mi parte, ya estoy a punto de ser ofrecido como un sacrificio, y el tiempo de mi partida ha llegado" (**2 Timoteo 4:6**).

Con esto quiero decir que, si hemos trazado una línea del tiempo, y hemos sido fieles al llamado, así como manifiesta Kenneth Boa: *"No sabremos enteramente cómo Dios nos ha usado aun en el momento de nuestra muerte"*. Pero habrá valido la pena vivir para Dios.

"Nadie discute que vivieron una vida plena en Cristo."

Resumen

A partir de los 70 años el enfoque está en dejar un legado ante un inminente paso a la eternidad, y la llave para disfrutar de este último escalón que nos depositará en el reino de los cielos está en la plenitud.

Preguntas para reflexionar

1) ¿Qué legado piensa dejar a las futuras generaciones?

2) Analice la línea del tiempo del apóstol Juan, y describa cómo fue su última etapa en Patmos.

3) ¿En qué consiste la plenitud en la vejez desde una perspectiva bíblica?

4) ¿Cómo quiere ser recordado una vez que se haya despedido de esta Tierra?

5) ¿Hay alguna frase que desee escribir en su epitafio?

Capítulo 9

¿Qué hora es?

¿Qué hora es? Así como anticipé en el prólogo, no me estoy refiriendo a la hora del reloj, sino al horario de su vida. Si la vida fuera un día de 24 horas, o al menos, un tramo de ellas, ¿cuál sería su hora? ¿Se encuentra amaneciendo, ya pasó el mediodía, ha observado su atardecer, o acaba de anochecer? Responder a esta pregunta sencilla pero concreta nos ayudará a ubicarnos en la línea del tiempo de nuestras vidas. Pero para que esto no quede en un consejo abstracto o un ensayo filosófico, propongo ahora mismo realizar un ejercicio que nos clarificará el panorama de nuestra línea del tiempo.

¿Está usted preparado? ¡Entonces, adelante!

Paso 1 – *7am a 12am*

Antes que nada, debemos fijar con qué cantidad de horas vamos a trabajar, porque dependiendo de este número, el resultado puede variar mucho más de lo estimado. Existen múltiples maneras de hacer esta cuenta. No existe una fórmula única. Si usted tiene conocimiento de otro método, está en todo su derecho de usarlo. Sin embargo, para evitar confusiones innecesarias, le propongo definir una cifra en común, de modo que ambos lleguemos a la misma conclusión con base en un mismo criterio. Entonces, ¿cómo hacerlo? Si bien es cierto que muchos calculan la vida sobre la base de 24 horas, en la vida real nadie permanece despierto esa cantidad de tiempo, por lo que veo necesario trabajar con una cifra más acotada. Seguramente, habrá algunos que madrugan, y otros que ni siquiera piensan en acostarse antes de la medianoche, y además, el factor geográfico no es un tema menor.

La Organización Mundial de la Salud (**OMS**) recomienda como mínimo 8 horas de sueño para sentirse bien durante el resto del día, algo difícil de alcanzar para gran parte de la población. En 2024, *World Population Review* publicó un artículo que, sobre la base de una encuesta realizada en 40 países, envidenció que la mayoría tiende a despertarse alrededor de las 7 de la mañana y acostarse cerca de la medianoche.

En lo personal, considero que este es un excelente criterio, pues nos libera de cualquier subjetividad o patrones locales. Si usted está de acuerdo, avancemos con estos números. Para responder a la pregunta inicial de qué hora es, tomaremos como parámetro que una persona se despierta a las 7 de la mañana y se va a descansar a las 12 de la noche. Es decir, nuestro día tiene un total de 17 horas activas, pero siempre partiendo a las 7 de la mañana. ¡Esto es muy importante!

Paso 2 – 17 x edad % expectativa de vida

Ya que hemos definido que nuestras vidas empiezan a las 7 de la mañana y finalizan a las 12 de la medianoche, ha llegado la hora de hacer unos cálculos sencillos pero atrapantes que definirán la hora actual de nuestras vidas con mayor precisión.

Primero, multiplique 17 x su edad. Pongamos como ejemplo a una persona de 52 años. En este caso, la cuenta que tenemos que hacer es 17 x 52, lo cual nos da un total de 884. A continuación, dividiremos ese número por la expectativa de vida, la cual varía según la nacionalidad y el género. El siguiente cuadro de CEPAL (**Comisión Económica para América Latina y el Caribe**) nos ayuda a precisar ese cálculo.

	HOMBRE	MUJERES	PROMEDIO
COSTA RICA	79,6	84,1	81,8
CHILE	79,7	83,5	81,6
PANAMÁ	77,2	82,9	80,0
CUBA	78,1	81,8	80,0
URUGUAY	75,7	82,5	79,2
COLOMBIA	76,1	81,3	78,7
ECUADOR	76,1	81,3	78,7
PERÚ	76,0	81,0	78,5
ARGENTINA	74,7	81,0	77,9
BRASIL	74,1	81,0	77,5
HONDURAS	74,5	79,0	76,7
MÉXICO	73,5	78,9	76,2
NICARAGUA	72,8	79,5	76,2
GUATEMALA	73,2	78,9	76,1
R. DOMINICANA	72,4	78,7	75,5
PARAGUAY	73,0	77,4	75,1
EL SALVADOR	70,4	79,3	75,1
VENEZUELA	69,9	77,5	73,7
BOLIVIA	70,6	76,5	73,5
HAITÍ	64,0	68,6	66,3

Siguiendo el ejemplo de una persona de 52 años, ahora tenemos que identificar la nacionalidad y el género. Supongamos que se trata de una persona de nacionalidad paraguaya de sexo masculino. El cuadro me indica que su expectativa de vida (**2025-2030**) es de 73,0 años.

Entonces, retomando el cálculo de 17 horas que es la vida, multiplicado por 52, lo cual equivale a la edad, me da un total de 884. Entonces, ahora debemos dividir por 73,0, que viene a ser la expectativa de vida.

$$17 \times 52 = 884 \ \% \ 73,0 = 12,109$$

Paso 3 – Mi hora

El último paso consiste en calcular las horas y los minutos. En el ejemplo del hombre de nacionalidad paraguaya de 52 años, me arroja un total de 12,109. Esto significa que primero debemos sumar 12, pues son las horas que ha vivido. Si el día empezó a las 7 de la mañana, ya han transcurrido 12 horas, con lo cual el reloj me indica que son las 7 de la tarde.

Acto seguido, para calcular los minutos con precisión, tenemos que hacer la siguiente cuenta. 0,109 (**que equivalen a las horas**) x 60 minutos = 6,54. Esto significa que son 6 minutos y algunos segundos, con lo cual la hora de esta persona en cuestión es:

$$\boxed{\text{7:06pm}}$$

No se preocupe en el caso de que no haya comprendido cómo calcular los números, pues para esto está la Inteligencia Artificial. En cualquier aplicación que tenga en su *smartphone*, haga la siguiente pregunta:

"Si mi vida fuera un día de 17 horas comenzando a las 7 de la mañana, y tengo 52 años con una expectativa de vida de 73,0, ¿qué hora es ahora?"

Seguramente la Inteligencia Artificial le responderá de la siguiente manera:

"Si tu vida fuera un día de 17 horas que empieza a las 7 de la mañana, y tienes 52 años con una expectativa de vida de 73,0, ahora serían las 7:06pm".

Terminar bien

Sorprendente, ¿verdad? Decir: *"Tengo 52 años"* puede sonar abstracto, pero afirmar que son las *"7 de la tarde"* tiene un impacto diferente. Es como que lo tomamos de otra manera. Finalmente nos damos cuenta no solamente que nuestras vidas son finitas en un concepto abstracto, sino de que nos queda muy poco tiempo.

Es hora de recalibrar nuestras vidas, de cumplir con los propósitos eternos y sostener lo bueno que hemos hecho a lo largo de nuestras vidas. Es fácil causar impresión, pero difícil mantener integridad. Dios, que es fiel, nos llama a no desperdiciar el tiempo, sino a perseverar en el camino de la fe. Lo esencial es terminar bien.

A mediados del siglo xx -en 1945 para ser más específico-, hubo tres grandes personajes que se asomaban como futuros líderes de la iglesia en los Estados Unidos. El primero se llamaba William. Se trataba de un joven ambicioso que predicaba la Palabra con convicción desbordante. De los tres evangelistas, quizás era el menos destacado, pero firme en su fe.

El segundo era Charles, de apellido Templeton. Tenía una retórica impresionante, y muchos llegaban a los pies de Cristo gracias a su mensaje desafiante. Alguien llegó a decir: *"Pienso que estamos en presencia del predicador más sobresaliente de todos los Estados Unidos"*. En efecto, llegó a recibir el premio *"Mejor usado por Dios"* otorgado por la Asociación Nacional de Evangélicos en 1946. Pero unos años más tarde, en 1950, abandonó la fe cuestionando la interpretación literal de la Biblia. Cuenta la historia que no solamente se convirtió en un agnóstico para luego auto-declararse ateo, sino que se pasó el resto de su vida mofándose de la fe cristiana a través de un canal de radio.

El último era Bron Clifford. A la edad de 25 años, ya predicaba en estadios, y la gente hacía una fila de cuatro horas para oír su mensaje. El rector de un seminario teológico dijo sin reservas: *"Bron es de esos predicadores que nacen una vez cada siglo"*. En 1954, es decir, a 9 años de haber iniciado formalmente su ministerio, murió en medio de la soledad en un hotel apartado de Texas. Cuenta la historia que tuvo dos hijos con síndrome de Down, y al no tolerar esa situación, se volvió en un adicto al alcohol. Terminó su vida muriéndose pobre, enfermo y en medio de la soledad.

¿Qué sucedió con William? Cuando sus colegas habían abandonado la carrera, William prosiguió su camino. ¿Quién es William? Su nombre completo es William Franklin Graham (**1918-2018**). ¡Sí! Se trata de nada menos que el evangelista más respetado de toda la historia; ¡Billy Graham! Esta historia nos advierte de una cruda realidad; que uno puede destacarse por sobre los demás de una manera increíble por un breve período de tiempo, pero si no lo sostiene a lo largo de su vida, no tiene noción de los tiempos, o carece de una proyección, la vida de por sí tendrá sabor a poco y nada. Por lo tanto, si usted realmente reconoce que ha sido Dios quien lo ha guiado, entonces queda en usted terminar bien la carrera de la fe.

¿Qué hacer ahora?

La Biblia enseña que *"todo tiene su momento oportuno; hay un tiempo para todo lo que se hace bajo el cielo"* (**Eclesiastés 3:1**). También dice que los hijos de Isacar *"eran hombres expertos en el conocimiento de los tiempos, que sabían lo que Israel tenía que hacer"* (**1 Crónicas 12:32**). El apóstol Pedro nos recuerda que *"para el Señor un día es como 1.000 años, y 1.000 años como un día"* (**2 Pedro 3:8**), haciendo referencia a las palabras de Moisés, quien dijo: *"1.000 años, para ti, son como el día de ayer, que ya pasó; son como unas cuántas horas de la noche"* (**Salmo 90:4**). Estas lecciones nos llevan a elevar la misma oración que el rey David, quien suplicó a su Dios, diciendo:
"Hazme saber, Señor, el límite de mis días, y el tiempo que me queda por vivir; hazme saber lo efímero que soy" (**Salmo 39:4**).

Querido lector, permítame hacerle una última pregunta.

"¿Qué hora es?"

Acerca del autor

ARIEL KIM es un intelectual coreano, autor renombrado y conferencista internacional, con una amplia trayectoria en América Latina en la convergencia de los ámbitos académico, religioso y sociocultural.

A lo largo de los años ha recorrido numerosos países del continente brindando conferencias y espacios de formación a universitarios, emprendedores, profesionales, empresarios y líderes del ámbito público.

Es autor de más de treinta libros orientados a liderazgo espiritual, transformación social y diálogo intercultural, entre ellos *Corea del Sur y Latinoamérica,* obra que analiza los puentes históricos, sociales y culturales entre ambas regiones.

Síguenos en Instagram

@coreaylatinomerica